INSIDE SALES

最高の成果を出し続ける

インサイドセールス 組織の作り方

スマートキャンプ COO
阿部慎平
BALES編集部

CROSSMEDIA PUBLISHING

はじめに

本書を手にとってくださっている皆さま、ありがとうございます。スマートキャンプCOOの阿部と申します。スマートキャンプという名前を聞いてキャンプ用品の会社を思い浮かべた方もいるかもしれませんが、当社はSaaS企業を中心としたBtoB企業のマーケティング・セールスを支援している会社です。2014年6月に創業し、SaaS比較サイト「BOXIL SaaS（ボクシルサース）」、オンライン展示会「BOXIL EXPO（ボクシル エキスポ）」、SaaSに特化したデジタルエージェンシー「ADXL（アドシル）」、そしてインサイドセールス支援サービス「BALES（ベイルズ）」を提供してきました。

私自身はもともとコンサルティング会社で働いていたのですが、2017年3月にスマートキャンプに入社し、2017年6月より「BALES」の事業立ち上げを行い、その時から本書のテーマであるインサイドセールスの世界にコミットしてきました。メインの「BOXIL SaaS」がSaaSの口コミや比較情報が得られるサイトで、そこで資料請求いただいたユーザーを掲載いただいているＳａａＳ企業にマッチングするサービスなのですが、マッチング後に商談や受注につなげていくためにはスピーディかつ高品質なインサイドセールスのアプローチが重要であり、私たちが代わりにインサイドセールスを行うことでより深く支援できると考え、「ＢＡＬＥＳ」をスタートしました。当時はインサイドセールスという言葉はまだまだ一般的ではなく、今でもお世話になっているインサイドセールスの諸先輩から学ばせていただきながら「ＢＡＬＥＳ」の提供価値を磨いてきました。

それからあっという間に6年が経ち、この6年でインサイドセールスの世界ではたくさんの変化がありました。一番大きな出来事はやはり新型コロナウィルスの流行です。それ以前では営業活動の分業化による効率化の手段として一部の企業がインサイドセールスを取り入れている状況だったのですが、新型コロナによってオフラインの営業活動がほとんどできなくなったことで、一気にインサイドセールスに取り組む企業が増えたのです。

スマートキャンプではインサイドセールスの支援をアウトソーシングやツールによ

って行っていますので、インサイドセールスに関する相談をたくさん頂きます。その中で感じたことは、電話やメールのコツといった具体的なノウハウを求める声ももちろんありますが、インサイドセールスの立ち上げや成果を出し続けるための組織作りに関する悩みが根深いということです。「BALES」はインサイドセールス組織の拡大に伴って多くの壁に向き合ってきましたが、私たちのように一定の規模でインサイドセールスに取り組んでいる企業はまだまだ少なく、組織作りに関するノウハウはあまり世に出ていません。そこで「最高の成果を出し続けるインサイドセールス組織の作り方」と題して、組織作りのポイントについて取り上げることにしました。

本書では組織作りに焦点を当てていますので、インサイドセールスの導入を考えている、また導入したものの課題を感じている経営者や事業責任者の皆さま、そしてインサイドセールスの立ち上げや組織拡大を推進するインサイドセールスマネージャーの皆さまにぜひ読んでいただきたい内容になっています。また、インサイドセールスの業務に従事するメンバーの皆さまにとっても、インサイドセールスの基礎から組織マネジメントまでインプットできる内容になっていると思います。

第2章でまとめている通り、インサイドセールスの組織作りのポイントとして13の要素を解説していきます。各要素について自分たちがどの程度のレベルにあるのかを簡易的に把握できるチェックリストも用意していますので、特に自分たちができていないと感じる要素を中心に読んでいただけると効果が高いと思います。そして組織にまつわる課題には何度も何度もぶつかっていきますので、その都度該当箇所を読んでいただき、改善に向けて役立ててもらえたらと思います。

インサイドセールスはとても奥深く、面白い領域です。第7章にその面白さをまとめさせていただきましたが、インサイドセールスは営業スタイルの変化の中心地であり、新しいツールの登場やＡＩ活用などテクノロジーの進化も急速に進んでいます。本書を通じてインサイドセールスに魅力を感じ、もっと頑張ろうと思っていただける方が1人でも増えたら嬉しいです。

装丁
城匡史

本文デザイン
小林祐司

DTP・図
荒好見　内山瑠希乃

校正
加藤 義廣

第1章 インサイドセールスの必要性

TENTS

第2章

インサイドセールスの役割と特徴

CON

第3章

インサイドセールスの戦略

第4章

インサイドセールスのオペレーション

第5章

インサイドセールスの人材マネジメント［チーム］

第6章

インサイドセールスの人材マネジメント［制度］

第7章

インサイドセールスの可能性

第1章

インサイドセールスの必要性

そもそもインサイドセールスとは？

インサイドセールスは非対面の営業手法

インサイドセールスとは、電話やメール、オンライン商談ツールなどのコミュニケーションツールを活用して、非対面で見込み顧客との接点の構築や商談の創出、また実際に商談を行い、契約の獲得、締結まで行う営業活動のことで、一般的に内勤営業と訳されます。インサイドセールスに対して、顧客のもとに足を運んで対面でコミュニケーションを行う従来の営業スタイルはフィールドセールスと呼び、外勤営業と言います。

インサイドセールスは新規顧客獲得のための営業活動の文脈で話されることが多く、Ｗｅｂページなどを通じて問い合わせや資料請求のあった見込み顧客に対してインバウンドで商談獲得を行うアプローチや、まだ接点のない企業に対して接点を作りに行くアウトバウンドのアプローチを役割として担うことが中心です。また、サービスの特性やターゲット企業の属性によってはオンラインで受注することも可能ですので、商談そのものや商談の導入にあたるデモやサービス説明までを担うこともあります。

さらに最近では既存顧客向けの営業活動を非対面で行うこともインサイドセールスのテーマになっており、電話やオンライン商談で定期的に接点を持ち、サービス活用の支援や追加提案を行います。顧客との関係構築を目的として、サービスや最新トレンドに関するウェビナー（オンラインセミナー）の開催や、有益な情報交換ができる場としてオンラインコミュニティの運営を行うなど、取り組む施策は多岐にわたります。

インサイドセールスの注目度の高まり

スマートキャンプでは2017年よりインサイドセールス支援サービス「BALES」を提供してきました。

インサイドセールスの活動そのものを代行するアウトソーシングサービスに加え、

図1-01 インサイドセールス平均検索ボリューム

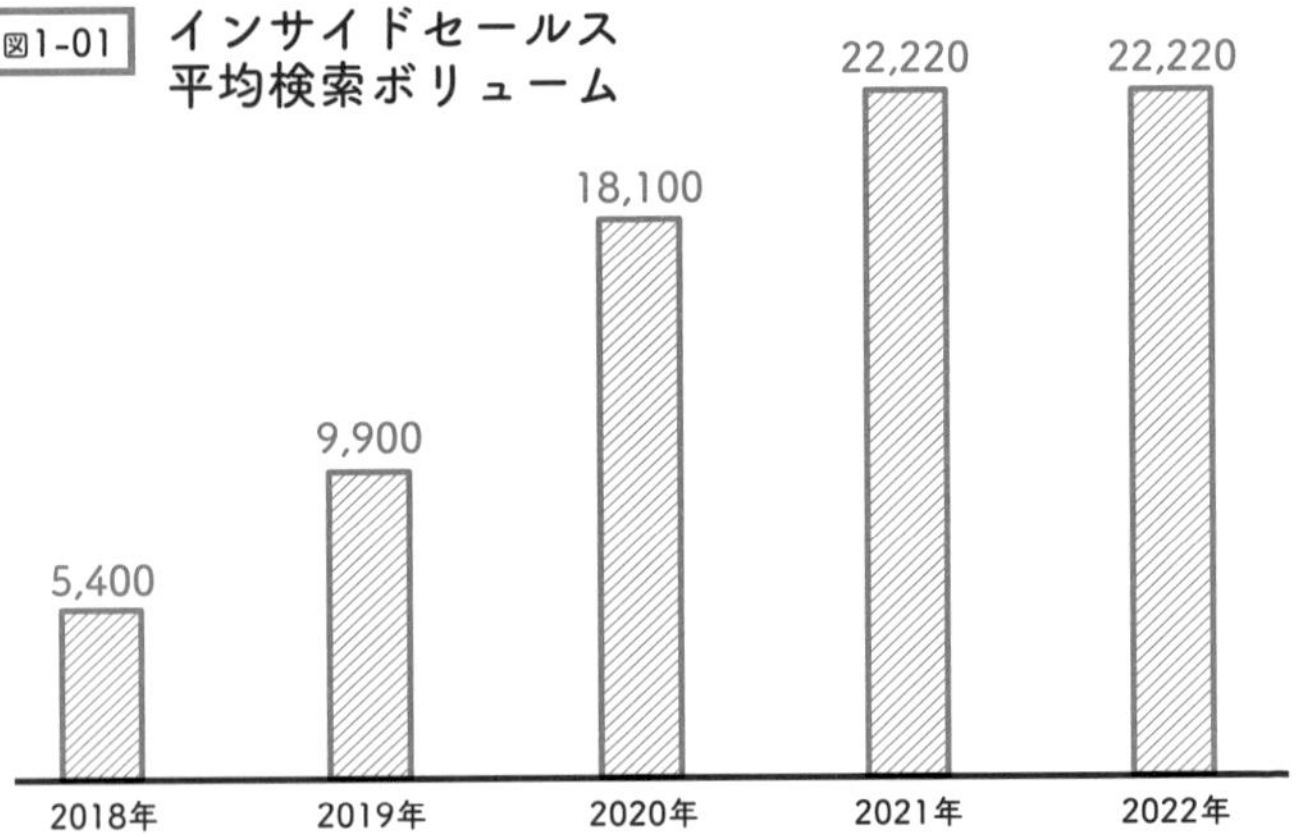
5,400
9,900
18,100
22,220
22,220
2018年
2019年
2020年
2021年
2022年

Google広告キーワードプランナー「https://ads.google.com/intl/ja_jp/home/tools/keyword-planner/」より

インサイドセールスのノウハウやスキルの習得を促す研修サービス、インサイドセールス活動を最適化・高度化するツールなど、多様な切り口から企業のインサイドセールスを支援しています。

実はスマートキャンプがこの「ＢＡＬＥＳ」の提供をスタートした当時はインサイドセールスという言葉はまだあまり聞かれませんでしたが、ここ数年で注目度が一気に高まり、今ではＢｔｏＢの営業手法としてすっかり定着しました。

スマートキャンプでは２０１９年から毎年インサイドセールスに関する企業の取組状況やトレンドについてまとめた『インサイドセールス業界レポート』を公開して

います。レポートの中でインサイドセールスへの関心の高いＳａａＳ（Software as a Service）企業を対象にアンケート（※1）を実施しており、２０２２年の調査ではなんと90％以上の企業がすでにインサイドセールスを導入し、約70％の企業が成果を実感しているとの回答でした。ＳａａＳ以外の企業ではこれからインサイドセールスの導入を検討する企業が多いのですが、ＳａａＳ企業ではほとんどの企業が導入しており、こういったデータからもインサイドセールスが当たり前になっていくことがうかがえます。

（※1）スマートキャンプ「インサイドセールスの取り組み状況に関するアンケート」２０２２年11月16日〜11月18日実施。有効回答者数５０２人。全国20〜50代のＳａａＳ企業に従事しており、営業・マーケティングなどインサイドセールスにかかわる方が対象。

それではなぜ、インサイドセールスが必要とされるのでしょうか。営業といえば実際に顧客のもとに訪問して対面でコミュニケーションを行うことが当たり前でしたので、ピンと来ない方も多くいるのではと思います。スマートキャンプでは「ＢＡＬＥＳ」を通じて、これまでに多くの企業のインサイドセールスの立ち上げや成果向上を支援してきましたが、そもそもインサイドセールスを何のために導入しているかわからないということが課題としてよく挙がります。特にインサイドセールス

図1-02 インサイドセールスの成果状況

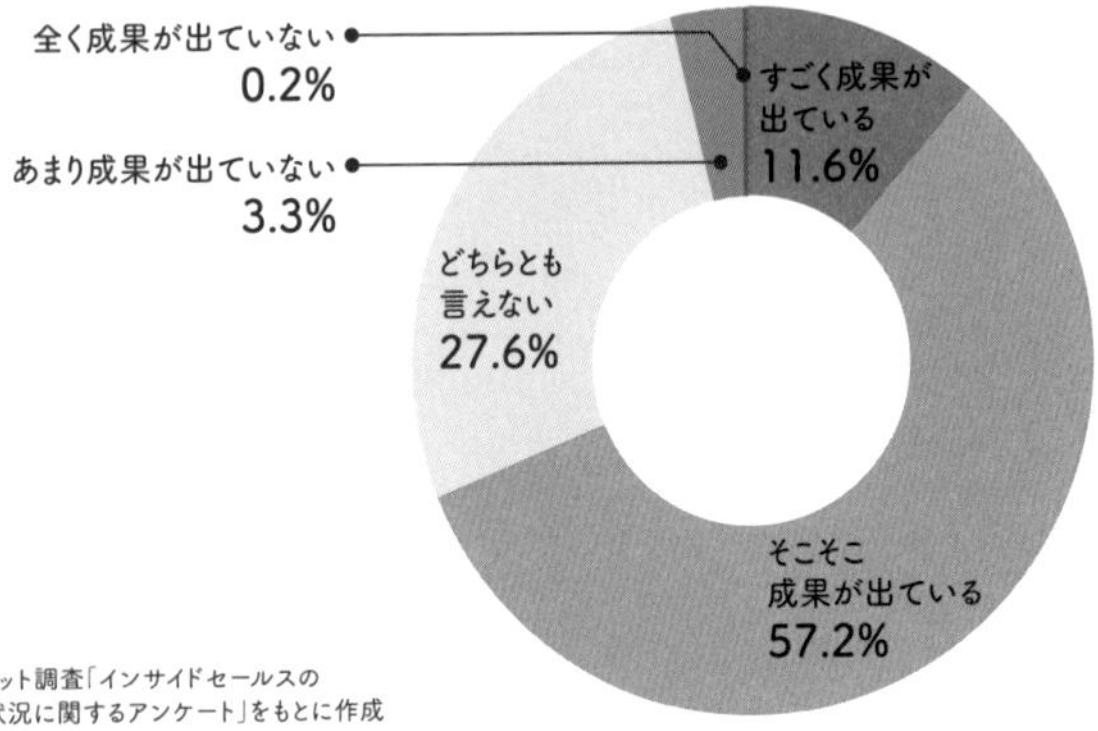
全く成果が出ていない
0.2%
あまり成果が出ていない
3.3%
すごく成果が
出ている
11.6%
どちらとも
言えない
27.6%
そこそこ
成果が出ている
57.2%

インターネット調査「インサイドセールスの取り組み状況に関するアンケート」をもとに作成

という言葉をよく聞くようになったから導入した、経営や上長の指示で導入することになったという場合には課題になることが多いです。

そもそも今なぜインサイドセールスが必要なのか、時代背景から理解しておかなければ、成果を出し続ける組織づくりの要素となるパーパスの設定や機能・役割の設計、メンバーの採用や育成も納得感を持ってできず、成果につながらない、周囲の理解が得られないということになりかねません。そこで、本章ではインサイドセールスが必要とされる理由を説明していきます。全体感を本章でしっかりと理解してから具体論に進みましょう。

顧客の購買行動のオンライン化

インターネットによるコミュニケーションの変化

インターネットが重要なインフラとなり、今やインターネットなしの社会活動は考えられなくなりました。インターネット上には想像できないほど大量かつ多様な情報があふれており、気になることや疑問があれば検索し、すぐに知ることのできる時代です。私たちは日々WebサイトやSNSなどを介して能動的にだけでなく受動的にも大量の情報に触れ、取捨選択しています。

それとまったく同じことが企業の購買行動でも生じています。企業の購買担当者は何かしらのきっかけでサービスの存在を知ると、公式サイトや比較サイトでサービスの情報を集め、同様の機能を持つサービスを比較検討した上で導入に値するかどうかを判断します。比較検討に必要な情報のほとんどはオンラインで収集できる時代になりました。

しかし、インターネットの情報だけではわからないこともあります。例えば、ツールの操作性や自社で導入する場合の具体的な金額などといった、導入判断にあたって非常に重要な情報です。これらの情報が必要になったタイミングで初めてセールスに問い合わせをし、実際にデモを体験したり、カスタマイズできる範囲を確認したり、見積もりを取得したりします。企業の購買担当者は導入がより現実的になったタイミングでのみ、営業担当に連絡をするのです。つまり、購買意欲が高まっていない段階ではセールスとは接点を持ちません。

インターネットが今ほど発達していない時代には、購買意欲があまり高くない段階からセールスに問い合わせて話を聞くというのがごく当たり前のことでした。そうしなければ何の情報も得られないからです。また、セキュリティやコンプライアンスに対する意識も寛容な時代でした。セールスは用件はなくても何かと理由をつけて企業に出入りすることが可能だったため、パンフレットや新サービスのリーフレットを片手に、ある種〝御用聞き〟のような形で対面で顧客の課題を聞き出したり、商談の見込み度合いを確認したりしていたわけです。

しかし、インターネットの発達により、時代は大きく変わりました。個人に限らず企業でも、不意の訪問を歓迎しない風潮が見られるようになりました。特に飛び込み営業のような、丸腰の状態で訪問先を訪れることは迷惑行為と受け取られるため、セールスからの突然のアプローチで良好な関係を築くことは奇跡に近いのが現状です。Web上で接点を構築し、電話やメールなどの非対面のコミュニケーションを通じて購買意欲を高めた上で、対面営業を行うことが基本になりました。

新型コロナを背景としたテレワークの普及

顧客の購買行動はインターネットの社会生活への浸透に伴い徐々に変化していましたが、新型コロナを経てより一層顕著になりました。というのもホワイトカラーを中心に、働き方が大きく様変わりしたからです。テレワークが一般化し、日中にオフィスに出勤している状態が必ずしも当たり前ではなくなりました。対面で会うことの価値と難易度が大きく引き上げられたように感じている方も多いのではないでしょうか。

特に2020年4月からの緊急事態宣言下では、外勤営業もオンラインでの商談にスイッチせざるを得ない状況となったことは記憶に新しいところです。

一方でオンライン化が進むことで、コミュニケーションのハードルが下がった側面もあります。例えばウェビナーの開催です。コロナ以前はセミナーといえば対面での実施が原則だったので、セミナー会場との往復の時間が発生し、参加者にとって時間の調整や移動の負担が大きく、また地理的な制約も発生していました。全国から見込み顧客を獲得したいのであれば、東京をはじめ、大阪や福岡、北海道など場所を変えて行う必要があり、また会場の広さによっては、すぐに定員に達してしまうといった問題も起こりがちでした。

それがオンラインに切り変わることで、場所や会場の制約を受けずにたった一度の開催で全国の参加者を受け入れることができるようになり、また参加者自身も移動にかかる時間を省くことができ、業務や他の用事と調整しやすくなったことで気軽に参加できるようになりました。作業をしながらラジオ感覚で視聴できるのも、ウェビナーの魅力です。

図1-03　ウェビナーの開催頻度

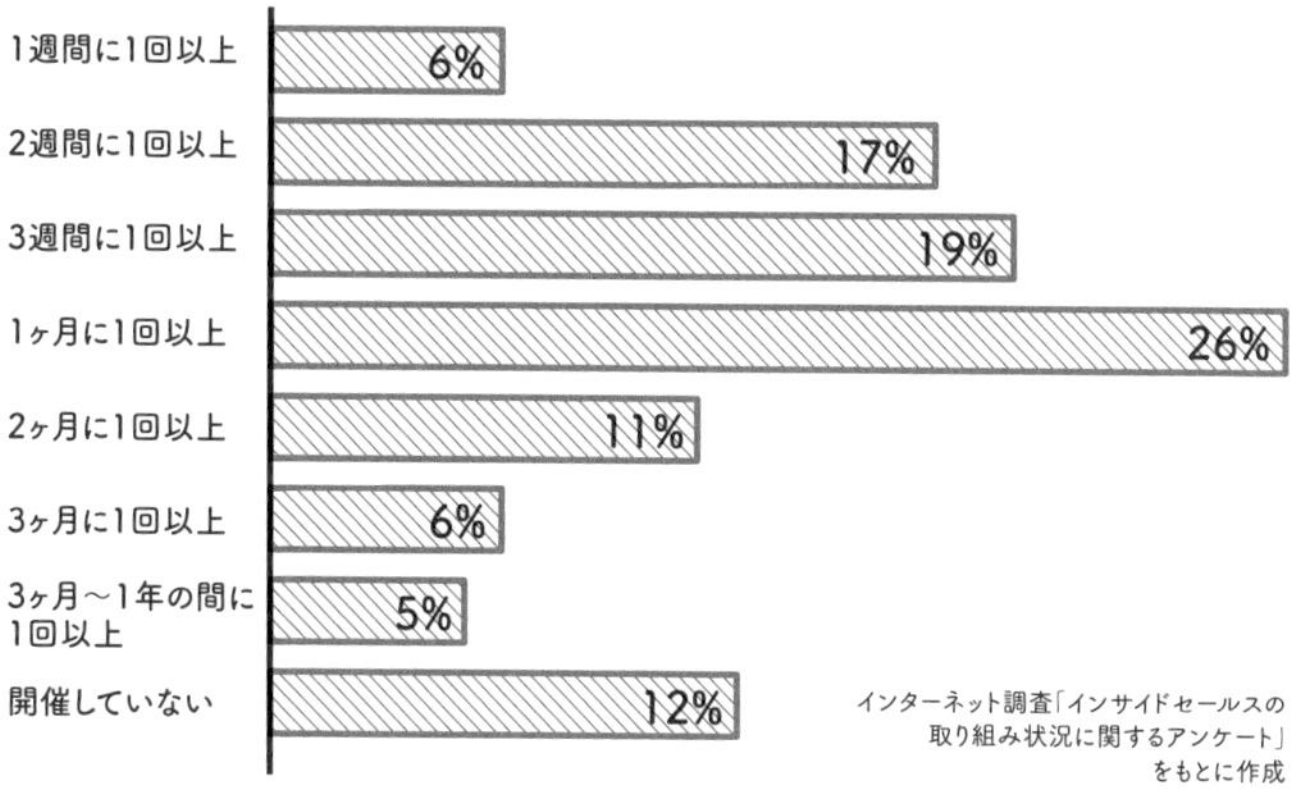

1週間に1回以上
6%
2週間に1回以上
17%
3週間に1回以上
19%
1ヶ月に1回以上
26%
2ヶ月に1回以上
11%
3ヶ月に1回以上
6%
3ヶ月〜1年の間に1回以上
5%
開催していない
12%

インターネット調査「インサイドセールスの取り組み状況に関するアンケート」をもとに作成

実際に、スマートキャンプが緊急事態宣言が発令されてすぐのタイミングでインサイドセールスに関するウェビナーを開催したところ、全国から1000名以上の方に視聴いただけました。それまでのオフラインでのセミナーは数十名規模で行うことがほとんどでしたので、一気に10倍以上の規模となり大変驚いたことを鮮明に覚えています。

今ではウェビナーが当たり前になってきたこともあり、オフラインセミナーと同じ規模に落ち着いてきましたが、ウェビナーは営業活動において欠かせない施策になりました。

弊社で実施したインサイドセールスに関

するアンケートによると、約70％のＳａａＳ企業が1ヶ月に1回以上ウェビナーを開催しています。ウェビナーは一度に多数の見込み顧客に対してサービスの案内や課題の訴求、トレンドの発信をすることができ、購買意欲を高める手段として非常に有効です。まだ取り入れていない企業は開催を検討することをおすすめします。

また商談自体も対面ではなくＺｏｏｍやMicrosoft Teams、Google Meetなどのオンライン会議ツールを活用しての実施が当たり前になっています。また訪問による商談では1時間確保することが一般的でしたが、オンライン商談はその気軽さゆえ15分や30分など、短い時間でクイックに行えるようになりましたので、打ち合わせの必要性さえ合意できていれば気軽にコミュニケーションを取ることができます。午前中に電話やメールをして、午後に急遽30分オンラインで商談を行うということもできるようになりました。さらには、移動がなくなり商談の時間も短くなったことで別業務にあてられる時間も増えますので、営業の生産性の向上にもつながります。

近年では特定のテーマでオンラインコミュニティを作り、顧客との深い関係を構築する取り組みも増えています。対面で情報交換、交流する機会が減ったため、オンラ

図1-04 スマートキャンプが運営するインサイドセールスコミュニティ「BALESインサイドセールスキャンパス」

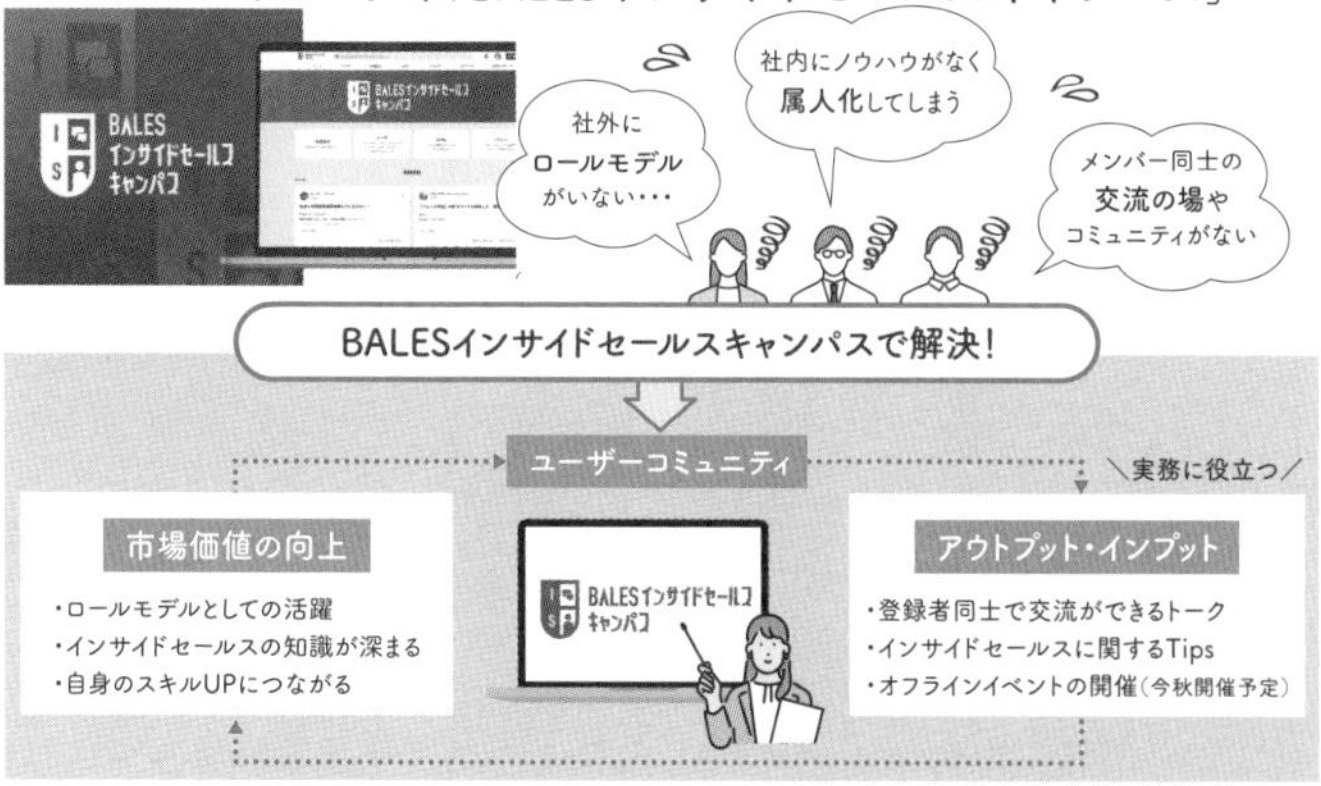
BALES インサイドセールス キャンパス
社外に ロールモデル がいない・・・
社内にノウハウがなく 属人化してしまう
メンバー同士の 交流の場や コミュニティがない
BALESインサイドセールスキャンパスで解決!
ユーザーコミュニティ
＼実務に役立つ／
市場価値の向上
・ロールモデルとしての活躍
・インサイドセールスの知識が深まる
・自身のスキルUPにつながる
BALES インサイドセールス キャンパス
アウトプット・インプット
・登録者同士で交流ができるトーク
・インサイドセールスに関するTips
・オフラインイベントの開催(今秋開催予定)

イン上で同じ境遇の方々とつながる機会を持てることは顧客目線でもプラスになります。「BALES」でもインサイドセールスに取り組んでいる方やインサイドセールスにチャレンジしたい方の個人の成長やキャリアアップを目的として気軽に情報交換を行えるオンラインコミュニティ「BALES インサイドセールス キャンパス」を発足し、わずか1ヶ月で400名以上の方に参加していただきました。今では1000名を超える規模となり、日々活発にインサイドセールスに関する情報交換やコミュニケーションが行われています。

デジタルマーケティングの重要性の高まり

インターネットの普及による顧客の購買行動の変化や新型コロナを背景としたリモートワークの普及によって営業活動は大きく変わりました。それでは、営業活動のベースとなる見込み顧客との接点構築についてはどうでしょうか。ここまでの話でも出てきましたが、現在の営業活動においては、まずWeb上で見込み顧客と接点を持つ必要があります。この接点の創出を担うのがデジタルマーケティングです。営業活動の変容に伴って、デジタルマーケティングの重要性も増しました。

デジタルマーケティングと一口に言っても、その手法はさまざまです。広告一つとってもリスティング広告やディスプレイ広告、SNS広告など多岐にわたりますし、広告以外ではコンテンツマーケティングに注力するのか、外部メディアを活用するのかなど、数ある選択肢の中から自社に合ったマーケティング手法を考えるところから始めることが肝要です。

オンラインの活用にはさまざまなメリットがありますが、ツールを取り入れることでターゲットのWeb上での行動が自動的に追跡（トラッキング）できることも一つ挙げられます。滞在時間の長いページはどこなのか、どのような経路でランディングページ（以下、LP）を訪れるのか、サイトのどの部分をよく見ていて、どういう表示だと望ましい行動を促せるのか。そうした情報の蓄積から傾向を分析し、サイトの調整をはじめ、コミュニケーションの改善につなげていきます。

そして、これらのデジタルマーケティングの施策を受注という成果につなげるために重要となるのが、インサイドセールスです。企業の購買担当者は一度に複数のサービスを比較検討して意思決定しますので、自社のサービスだけでなく競合企業のサービスも検討しています。デジタルマーケティングによってプル型で獲得できる導入意欲の高い見込み顧客には競合企業も注力してアプローチしますので、競合企業に対してより早くアプローチし、顧客と密に関係構築していく必要があります。営業力のある競合企業が自社よりも早くアプローチをしていた場合、その企業と話が進んでしまい後から割って入れなくなるということもありますので、スピーディなアプローチが求められるのです。

また、企業の購買担当者も日々業務に追われていますので、インサイドセールスが一度連絡しただけでは接続できないということも多いです。問い合わせや資料請求から時間が空いてしまうと検討の意欲が下がってしまったり、問い合わせしたこと自体忘れてしまったりすることもあります。そのため、できる限り早くアプローチをし、かつ購買担当者の予定を聞き出しながら二度、三度とアプローチを続けることで接続し、商談の機会をいただくことが、インサイドセールスでは基本です。一度接続しないからと言って諦めてしまうとデジタルマーケティングによって獲得した接点が無駄になり、企業としての損失につながります。このように、デジタルマーケティングの時代においてはインサイドセールスが必要不可欠です。

サブスクリプション ビジネスの台頭

ＳａａＳの普及とビジネスモデルの変化

私たちが発行している『インサイドセールス業界レポート』のアンケート調査で回答のあったＳａａＳ企業の90％以上がすでにインサイドセールスを導入していると述べましたが、インサイドセールスがＳａａＳ企業を中心に広がったということも、インサイドセールスの必要性を考える上で重要な要素です。ＳａａＳという言葉を初めて聞く人に向けて簡単に説明すると、ＳａａＳとはインターネットを経由してベンダー側のサーバー上にあるソフトウェアをサブスクリプション（従量課金）のモデルで利用するＩＴサービスのことです。

ＳａａＳが普及する前までは、ソフトウェアは物理的なディスクの形式で購入し、そこからPCにインストールして使用するパッケージ型が主流でした。コンシューマー向けのサービスを想像するとわかりやすいのですが、例えば音楽ソフトは、音楽ショップでシングルやアルバムのCDを購入し、ディスクを再生したり、ポータブルプレイヤーにインストールをしていました。

しかし今はどうでしょうか？　月や年単位で定額料金を支払う代わりに、インターネット経由で、いつでもどこでも、その時の気分に合わせて音楽やポッドキャストを聴くスタイルが定着しています。もちろん現在も音楽ショップは存在しますし、配信という形を取らずに作品を発表するアーティストもいますが、Apple MusicやSpotifyをはじめとする音楽配信サービスを利用することは当たり前になっています。

これと近いことが、BtoBの世界でも起きています。クラウドコンピューティングの発達により、業務で用いるソフトウェアの多くがパッケージ型からSaaS型へと転換しました。代表的なものとしては、Microsoft 365やGoogle Workspaceといった、カレンダーやメール、ドキュメント、表計算などの機能がまとまったグループウェアでしょうか。ほかにも会計ソフトや勤怠管理システム、人材マネジメントシステム、オンラインストレージ、生産管理システムなど、あらゆる領域でSaaSが広がっています。

SaaSの仕組みと料金設計

SaaS型のビジネスモデルは、ユーザーにアカウントを契約してもらい、ソフトウェアを利用可能な権利を付与する仕組みを採用しています。ユーザーはプランに応じて月や年単位で利用料を支払えば、SaaS企業が提供するサービスを利用することができます。これをサブスクリプションモデルといいます。サブスクリプションモデルは、ユーザー、SaaS企業ともにメリットのある仕組みです。大きく2つの観点から説明します。

①常に最新機能にアップデートされる仕組み

まず、ユーザーは、SaaS型では常に最新バージョンのソフトウェアを使えるようになります。パッケージ型の場合は、購入後に新しいバージョンが出ても購入し直さなければ旧バージョンのものを使い続けるしかありませんでした。それが

SaaS型の場合、インターネット経由でインストール無しで利用できる仕組みのため、ユーザーが特別な手続きや追加購入をしなくても、常に使い心地や機能性が改善されたものを使うことができます。

SaaS企業にとっては、開発からリリースまでの期間を短くすることができます。機能や仕様を後からアップデートできるので、パッケージ型よりもリリース時の完成度を追求する必要がなくなるからです。むしろ最低限の機能でスタートし、ユーザーの利用状況や反応を見ながら機能を追加したり改善を行うことでサービスの向上を図るのが、SaaSの典型的な開発手法です。言うなれば、常にベータ版の状態でユーザーにサービスを提供している状態といえます。

②小規模から利用し始められる料金設計

もう一つ、契約時の導入コストを低く抑えられることもユーザーにとって大きなメリットです。パッケージ型では契約時に一度インストールしたらずっと利用できる権利を買い取ることになりますから、どうしても購入時の価格が高くなります。また社内で使う人は一人しかいないのに、複数のライセンスを購入しなければいけないといったことも起こりがちでした。

しかしサブスクリプションモデルであれば、一度に支払う金額は1ヶ月分や1年分で済みますので契約時の価格が低くなります。また、1アカウントから始められるものも多いため、比較的気軽に導入しやすい、試しやすいといった利点もあります。小さく始められるようになったことで、これまで大きなIT投資が難しかった中小企業での利用が進んだり、エンタープライズ企業の一部の部門やチームで小さく利用し始めるといったことが可能になりました。

そのため、SaaS企業としても契約獲得までの営業コストを抑えることができるようになりました。大規模な投資を前提とするとどうしても意思決定に向けた検討や調整に時間がかかりますが、一部門から、料金も数千円から利用できるのであれば、意思決定もしやすくなります。その結果、受注までのリードタイムが短くなり、1契約を獲得するために必要な営業コストが小さくなったのです。

SaaSはモノの売り方をどう変えたのか

SaaSはこれらの特徴から、「モノの売り方」そのものを変えることになりました。パッケージ型のように一度にまとめて費用を回収するのではなく、月額や年額で

図1-05 パッケージ型とサブスクリプション型ビジネスの購買モデルとLTVの違い

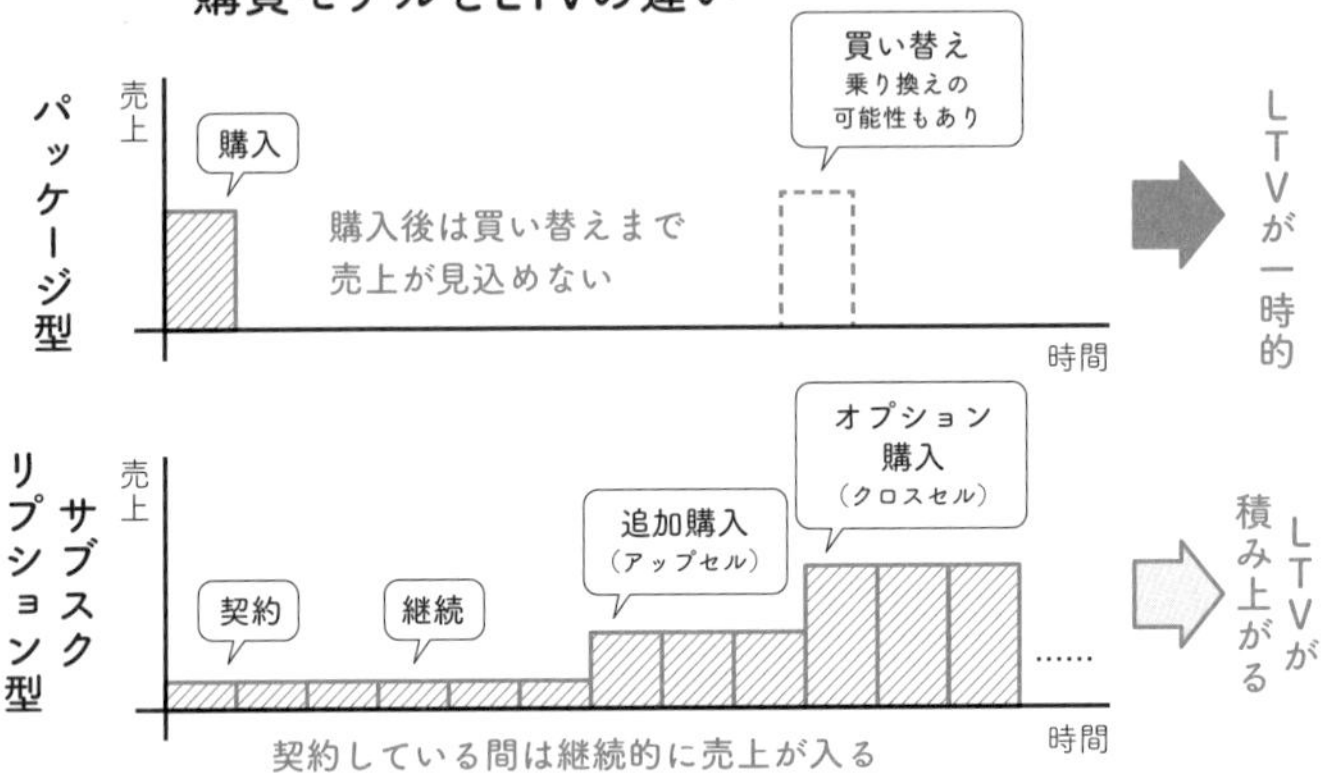
パッケージ型
売上
購入
購入後は買い替えまで
売上が見込めない
買い替え
乗り換えの
可能性もあり
時間
LTVが一時的
サブスクリプション型
売上
契約
継続
追加購入
（アップセル）
オプション
購入
（クロスセル）
……
時間
契約している間は継続的に売上が入る
LTVが積み上がる

の課金で長く使い続けてもらうことで費用を回収する仕組みですので、ＳａａＳは先行投資型のビジネスモデルであるといえます。営業段階でできるだけ高く販売するのではなく、まずサービスを利用してもらい、そこから長く利用してもらったり、アカウントの追加やオプションの追加をしてもらうことで、結果として売上を最大化するという売り方に変化したのです。この売り方において大事な概念が「ＬＴＶ（Life Time Value）」です。

ＬＴＶとは顧客生涯価値と訳され、特定の顧客と取引を始めてから終了するまでに生じる売上、利益の総額を指します。

ＳａａＳ企業では一般的に粗利益を

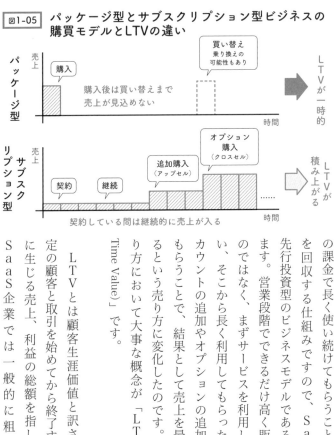

ＬＴＶとして考えます。パッケージ型の商品やサービスでは、モノが売れるときにショットで売上、利益が生じますので、ＬＴＶは購入のタイミングで最大瞬間的な形で発生していました。しかし、サブスクリプションモデルでは、1回当たりの売上、利益は薄くとも、徐々に積み上がる構造を持ちます。ユーザーの契約期間が長ければ長いほど、また機能を使ってもらえればもらうほど、ＬＴＶが最大化する仕組みです。

すなわちパッケージ型のモノの売り方は、お客様と契約を結ぶことがゴールでした。契約を締結できれば一度にすべての売上と利益が得られますので、契約に焦点を当てて関係を深めていきます。

対するサブスクリプションモデルでは、契約はスタートに過ぎません。むしろ契約してからその先を、どれだけ長く関係を維持し続けることができるかが大事になってきます。そのため、初回の取引が小さくともできる限り早くユーザーを獲得すること、そして顧客の成功をサポートするカスタマーサクセス（顧客の成功支援）によって取引を大きくしていくことが重要になりました。

特にエンタープライズ企業では、一度スモールに導入した後、カスタマーサクセスを通じてアカウント数の増加やオプションの追加に加え、別部門やチームへの横展開を進めていくのが定石です。横展開は、各部門やチームのキーマンとの接触を図り、導入に意欲的なところを突破口にして、周辺の部署や事業所を紹介してもらう、あるいは導入した部署の変化を見た他のチームから問い合わせをいただくなどによって進めていきます。この方法が可能なのは、最初のユーザーと良好な関係を築けてこそだといえます。

営業活動の生産性・ROIを最大化する

それでは、なぜインサイドセールスはSaaS企業を中心に広まったのでしょうか。SaaS企業がインサイドセールスに積極的に取り組んできた背景には大きく3つの理由があります。

まず一つ目は、SaaSのビジネスモデルが先行投資型で、早期にユーザーを獲得し、利用継続、拡大を目指すといった特徴によるものです。大手のSaaS企業や資金調達を行ったスタートアップのSaaS企業は、高成長を実現するために営業活動を大規模に展開します。競合企業に先んじて導入することが重要ですので、投資回収は後にして、赤字を踏みながらマーケティングに先行投資をしていきます。そのため、大量の見込み顧客に対して生産性高くアプローチする必要があり、マーケティング、インサイドセールス、フィールドセールスの分業体制を敷き、各プロセスの最適化を進めることが求められます。

これは米セールスフォース社が提唱した「ＴＨＥ ＭＯＤＥＬ」と呼ばれる、マーケティング、インサイドセールス、フィールドセールスに加え、カスタマーサクセスを含めて営業プロセスを分業化し、オペレーションとコミュニケーションを最適化していくモデルに基づいた考え方で、ＳａａＳ企業の多くが取り入れています。従来の営業では一人の営業マンが接点構築から商談獲得、受注、顧客フォローをすべて担っていましたが、各プロセスで求められるスキルやマインドセットは異なりますし、あるプロセスが忙しくなると別のプロセスが疎かになり機会損失が発生してしまうということはよくあることです。「ＴＨＥ ＭＯＤＥＬ」に基づいて役割分担をすることで、営業マン一人ひとりの強みを活かすことができたり、各プロセスに集中することで改善が進んだり、アプローチやタスクの漏れがなくなっていきますので、営業組織

図1-06 「THE MODEL」に基づく分業組織による役割分担

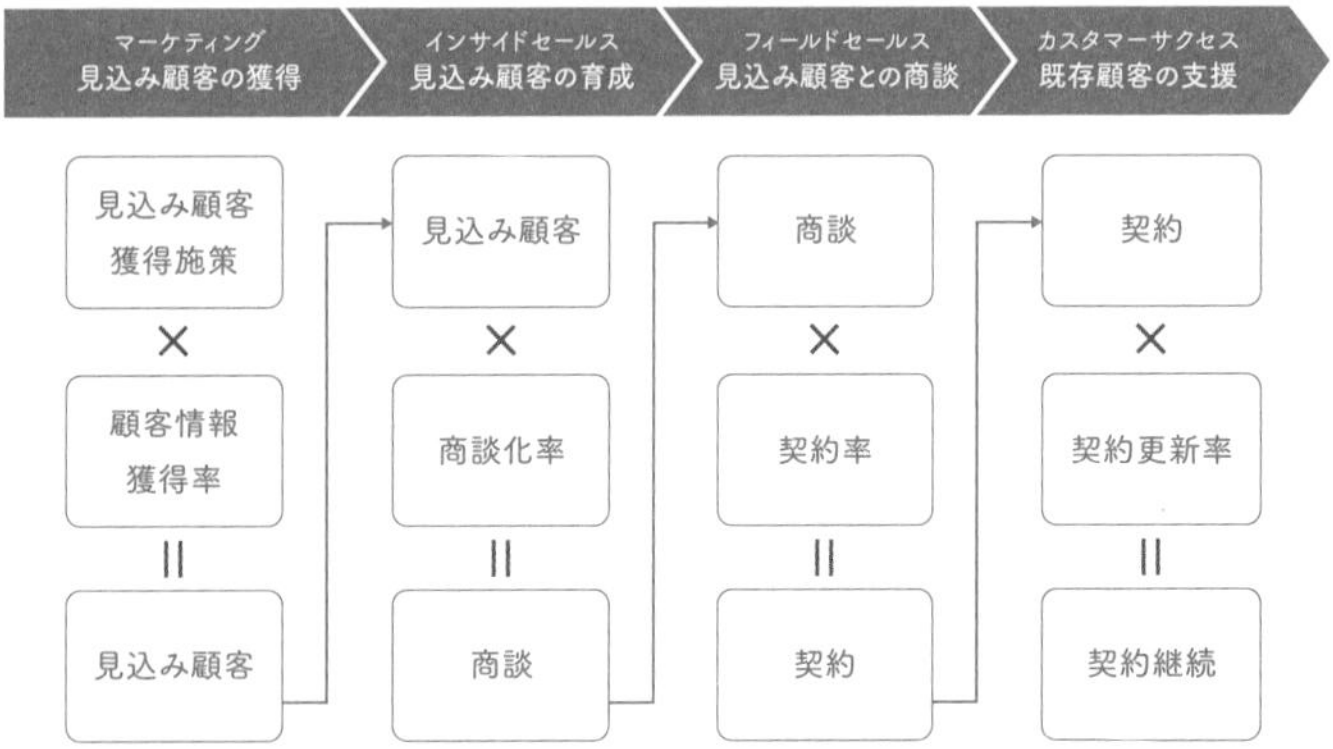
マーケティング
見込み顧客の獲得
インサイドセールス
見込み顧客の育成
フィールドセールス
見込み顧客との商談
カスタマーサクセス
既存顧客の支援
見込み顧客獲得施策
×
顧客情報獲得率
=
見込み顧客
見込み顧客
×
商談化率
=
商談
商談
×
契約率
=
契約
契約
×
契約更新率
=
契約継続

の生産性が高まります。

二つ目の理由は、ＳａａＳがサブスクリプションモデルで提供され、小さな金額で利用できるようになったためです。ＩＴを導入するために大規模な投資が必要だった時代では、対面でコミュニケーションを行い、顧客と厚い信頼関係を構築できなければ導入には至りませんでしたが、月額数万円、あるいは数千円でＩＴを利用できるようになりましたので、オンライン商談ツールなどを活用した非対面でのコミュニケーションを通じて、検討に必要な情報提供と一定の信頼関係の構築だけで意思決定を促すことができるようになりました。

認知度が高ければコミュニケーションすら不要で、オンライン上で課金、利用もされる時代です。このような料金設計ではインサイドセールスによる電話やオンライン商談で十分に契約をいただくことができます。また、1契約あたりの金額が小さい中で高成長を実現するためにはより多くの企業に利用してもらう必要がありますので、効率的にアプローチできるインサイドセールスがバランスとしても最適です。

そして三つ目は、ＳａａＳがインターネット経由でどんどん最新機能がアップデートされるモデルであることです。一度商談をして失注したら顧客との関係がそこで終わりではなく、1か月後、3か月後、半年後には新しい機能がリリースされ、さらには1年後、3年後にはまったく別物のツールに進化するということすらあります。新機能のリリースや機能改善のタイミングで都度フォローの電話やメールをすることで再度商談につなげることができ、以前は契約をいただけなかった企業にも利用してもらえるようになるということが多いビジネスモデルです。そのため、情報提供やヒアリングの位置づけでインサイドセールスが定期的にフォローしていくことがとても有効になります。

まとめると、分業化、非対面化によって多くの見込み顧客に対するアプローチの生産性を高めていく、また継続フォローを通じて見込み顧客という貴重な資産からの商談機会、契約獲得機会の最大化を行えるという点から、ＳａａＳ企業にインサイドセールスがフィットしたと言えます。営業活動の生産性とＲＯＩを高め、高成長を実現したいという企業には、間違いなく必要な営業手法なのです。

営業の働き方の変化

営業がデジタルツールを武器として活用する時代に

顧客の購買行動がオンライン化したことでデジタルマーケティング、インサイドセールスの重要性が高まったと説明しましたが、営業を行う企業にとって武器となる営業ツールが進化したこともインサイドセールスの有効性が高まった背景にあります。

営業ツールが普及していない従来の対面営業の時代では、オンラインで商談するツールも、大量の顧客と接点を構築するマーケティング手法も、コミュニケーションを記録していく顧客管理の手段も、一度に多くの見込み顧客へのアプローチを実現するメール配信や自動化ツールもなく、顧客一社一社と対面で地道にコミュニケーションを取っていくことが当たり前でした。今では営業ツールがたくさん登場し、かつ進化を続けていますので、営業活動がどんどんデジタル化され、非対面での営業が有効になってきています。

オンライン商談ツールは、今では誰もが利用したことがあると思いますので、イメージしやすいかと思います。かつては離れた場所同士でのコミュニケーション手段は電話しかありませんでしたが、オンライン商談ツールが登場したことで、実際に顔を見ながら話せるようになり、また画面共有機能で資料を映しながら議論もできるようになりましたので、インサイドセールスによる商談が成立するようになりました。

また、顧客との接点構築にあたっては、会社やサービスのＷｅｂページを簡単に制作できるツールを活用して問い合わせや資料請求の窓口を用意したり、Googleのリスティング広告やＳＮＳ広告といったＷｅｂ広告も一般化しています。そしてＷｅｂマーケティングによって獲得した見込み顧客はＣＲＭ（顧客管理システム）に取り込まれ、営業はＣＲＭ上で顧客情報の管理に加え、電話の発信や記録、メールの送信まで行えるようになっています。これらの活動はＣＲＭ上に記録されデータとして蓄積していき、ダッシュボードによって可視化され、データに基づいて営業活動のＰＤＣＡを回すことができます。

さらには、マーケティングや営業活動を通じて獲得し、これまでに蓄積してきた大量の見込み顧客に対して、一斉にメールを送ることができるメール配信ツールや、メールシナリオを設計し、顧客の反応に応じて自動で出し分けするマーケティングオートメーションツール、さらには電話などの人のアクションを含めたアプローチの型を予め用意して設定しておくことで自動でToDoの生成、担当者の割当をしたり、最適なタイミングでメールを自動で送るセールスエンゲージメントツールなど、コミュニケーションの効率化と自動化を実現するツールも出てきています。

インサイドセールスは非対面で、大量の見込み顧客にアプローチをしていきますのでデジタルツールとの相性が非常に良く、デジタルツールを使いこなすことで活動量や成果が2倍にも3倍にもなります。例えば電話をしている間にセールスエンゲージメントツールからメールが自動で送られるようにすれば、メールの送信を手作業で行う必要がなくなり、電話中の時間も有効活用できますので生産性が圧倒的に高まります。こうしたデジタルツールがあるからこそインサイドセールスが営業手法として成立しているとも言えるでしょう。

デジタルツールが進化し、浸透したことで、営業を行う「人」と営業の武器となる「テクノロジー」が融合して活動する時代になりました。今ではデジタルツールを使いこなせる人と使いこなせない人で営業人材としての成果や市場価値に大きな差がつくようになってきています。それは営業組織も同様で、デジタルツールを駆使できるかで組織の成長速度が決まってくるのです。インサイドセールスのツール活用についてはまた第4章で詳しく触れたいと思います。

キャリアとして人気が高まるインサイドセールス

インサイドセールスはこれからの時代における営業職のキャリアとしても人気が高まっています。求職者向けの求人掲載サイトAMBIが「いま売れるスキル、これから有望なスキル」と題して公開した求人検索キーワードのランキングでは、2020年では5位、2022年では4位にインサイドセールスがランクインしており、インサイドセールスのキャリアへの注目度が高まっていることがうかがえます。

それではなぜ、インサイドセールスのキャリアが人気になってきているのでしょうか？　それは大きく三つあります。

一つ目は、インサイドセールスが働く場所を選ばない仕事だからです。テレワークが急速に普及したことにより、働き方の価値観も大きく変化しました。生まれ育った

図1-07 2020−2022年の求人検索キーワードランキング

	2020年	2021年	2022年
1位	SaaS	カスタマーサクセス	SaaS
2位	java	SaaS	カスタマーサクセス
3位	MVP	java	java
4位	リスティング	php	インサイドセールス
5位	インサイドセールス	広告運用	Python

NIKKEI STYLE「営業の概念が変わる時代に求められるスキル・ジョブ『いま売れるスキル、これから有望なスキル』Vol.1」をもとに作成

地元に戻って仕事をしたい、自然豊かな環境で仕事をしたいなど、首都圏以外の地域で働きたいと考える人が増えています。これまで営業の仕事に就くのであれば、営業先となる法人企業が集中している首都圏に住んで訪問をして行うというのが当たり前で、首都圏以外の地域で営業の仕事を探そうとしても年収などの条件が下がってしまいました。一方でインサイドセールスは離れた場所から変わらずにアプローチできる営業手法ですので、自分が住みたい場所からでも営業として活躍できるようになりました。また、首都圏の企業のリモートを前提としたインサイドセールスの求人も増えており、地域による条件の差もなくなってきています。

二つ目は、家族や家事の時間と両立しやすいという点です。インサイドセールスは自宅で仕事ができますので、会社との往復の時間を無くすことができます。移動がなくなったことで捻出できた時間を家族と過ごす時間に充てられるようになったり、また、休憩時間など業務の合間にはちょっとした家事を行うこともできます。限られた時間の中で育児や家事と両立しながら活躍できる仕事としても注目されています。

そして三つ目は、営業領域における分業とプロフェッショナルなキャリア設計が一般的になってきたことです。「THE MODEL」が浸透し、外資や国内のSaaS企業を中心にマーケティング、インサイドセールス、フィールドセールス、カスタマーサクセスの分業が進み、各プロセスにおいて専門性を高め、プロフェッショナル人材として市場価値を高めていくことが当たり前になってきました。

それに伴い専門性の高い人材の年収も上がってきており、中には1000万円を超える年収を得る人も出てきています。今は転職も積極的に行う時代になりましたので、その道のプロとしてより挑戦的な環境に身を移しながら市場価値を高めていくことも一つのキャリアの作り方になりました。

また、インサイドセールスはマーケティングとフィールドセールスをつなぐハブとなる仕事であり、連携をしている中で各領域に関する理解やノウハウも得られますので、インサイドセールスの次のキャリアとしてマーケティングやフィールドセールスの道に進むこともできます。インサイドセールスは顔の見えない相手との電話、また顔が見えていても温度感を測りにくいオンライン商談の中で、顧客が抱える課題の本質に迫るヒアリングや提案の力が求められます。結果、営業力が身に付きますし、顧客へのヒアリングを通じてどのような接点から商談が生まれやすいのかを感覚として持てるようになります。そのためインサイドセールスを経験した後にフィールドセールスやマーケティングの仕事をすると成果が向上するともよく言われており、営業職のファーストキャリアとしてもインサイドセールスの魅力が高まっているのです。

そのため、新卒社員や営業未経験の社員の最初の配属先をインサイドセールスとして、ヒアリング力や提案力、サービス理解度を高めたうえでマーケティングやフィールドセールスに配属するというキャリアプランを設計している企業も増えています。中長期でマーケティングやフィールドセールスの仕事に挑戦することを見据えて、力の付くインサイドセールスをファーストキャリアとする選択肢もあるのです。

コラム

究極のインサイドセールスはProduct-Led Growth？

２０２０年に世界中を混乱の渦に巻き込んだ新型コロナウイルス。日本でも同年４月には緊急事態宣言が発令され、「不要不急の外出はしない」という号令のもと日常がストップ。一時期は街にも会社にも、そして学校にも人がいなくなりました。人が移動しないことから、小売や飲食、一部の製造業は大きなダメージを受けた一方、インターネット関連サービスやＳａａＳなどのＩＴ企業は売上を伸ばしました。出社率の削減が推奨されたことから、テレワークに対応できるように環境を整備するため、需要が急増したからです。

オンライン会議ツールとして大きく広まったＺｏｏｍは、２０２０年11月〜21年１月期の売上高が前年同期と比べて４・７倍にもなったといいます。そして注目したいのが、このＺｏｏｍの売れ方です。国内でも新型コロナを機にアカウントを取得した、有料プランに切り替えたユーザーは多いと思いますが、そのときＺｏｏｍのセールスと実際に商談をしたという人はどれだけいるでしょうか？　おそらく問い合わせもせず、Ｚｏｏｍからのセールスを受けることなく契約したあるいは日ごろ契約を結んでいるサプライヤーを介して申し込んだという場合がほとんどではないでしょうか。このような現象が起こったのは、まさにZoomに対する有用性と信頼性がユーザーに認知されていたからで、サービス自体に〝モノを売る〟力があったからだと言えます。

こうした「プロダクトでプロダクトを売る」という考えをProduct-Led Growth（PLG）と呼び、国内でも近年注目を集めています。PLGは対面の営業にまったく頼らない売り方ですから、究極のインサイドセールス手法といえます。

PLGの広まりは、顧客のリテラシーにも関係します。例えばデジタルネイティブ以前の世代は、SaaSそのものに対しても理解差があります。目に見える形での所有に慣れている層はSaaSの仕組みに対する理解を促すのに、セールスの力が必要になってきます。またリアルに対する安心感から、対面営業を望む傾向にあります。けれどもITツールを日ごろから使いこなす世代にもなると、自分で情報を集めてサービスの良し悪しを判断します。特にセールスを介さなくても、有用なプロダクトなら契約するし、必要なければ解約するのです。

ＰＬＧが通用するのは、シンプルなサービスでプロダクト自体に商材の価値を伝える力がある、比較的低価格であるなど、いくつかの条件があります。今後、社会全体のデジタルシフトが進むに従い、ＰＬＧを意識したサービス開発が問われるようになるでしょう。それに伴い、セールスの在り方も変化するのは必然。おそらく、よりオペレーション視点でのセールス戦略が問われるようになるはずです。インサイドセールスはセールスの仕組み化を担うポジションですから、これからのセールスに欠かせない存在といえます。

第2章

インサイドセールスの役割と特徴

インサイドセールスの役割

第1章では営業活動の変化やＳａａＳビジネスの台頭を通じてインサイドセールスが広がってきたことを述べてきました。この章ではインサイドセールスに求められる役割と、成果を出し続けられる組織を作るための要素を整理していきます。

インサイドセールスとテレアポはどう違うのか

インサイドセールスは電話を中心としたアプローチになりますので、「テレアポと何が違うのか」と尋ねられることは、今でも少なくありません。その問いに対しては、インサイドセールスに携わる方であれば明確に「違う」と答えていただきたいです。

短期的なアポイント数を増やし、顧客接点をとにかく獲得したいのであれば、テレアポです。テレアポはアポイントをより多く獲得するのが目的であり、手法も電話のみになります。基本的には1件でも多くアポイントを獲得することに重点が置かれているため、アポイントの質や顧客との関係構築などはあまり重視されない傾向にあり

図2-01 インサイドセールスとテレアポの違い

	テレアポ	インサイドセールス
目的	アポイントの獲得	営業組織全体の生産性向上
業務内容	・ターゲットリストの作成 ・電話でのアポイント獲得	・様々な手法を用いた商談獲得 （電話/メール/フォーム/手紙など） ・ターゲットリストの作成 ・見込み顧客のナーチャリング ・データ分析 ・他部署との連携 （フィールドセールス、マーケティング部署）
取り入れるべきフェーズ	・営業組織としての最初のフェーズ （サービスをローンチしたばかりなど） ・アポイントをとにかく獲得するフェーズ	・営業組織を効率化したいフェーズ ・適切に顧客管理をしたいフェーズ ・商談数、受注数など、より成果に近い指標を目的に置くフェーズ

ます。

一方で、インサイドセールスは営業組織全体の生産性向上を目的としているため、アポイントや商談の先にある案件数や受注数、受注金額なども重要な指標になります。商談獲得の手法も電話だけではなく、手紙やメール、SNSなど様々です。案件数や受注数を増やしたい場合、顧客との関係構築も重要になりますので、顧客のニーズや最適なタイミングに合わせたアプローチが求められます。

どっちが良い・悪いではなく、自社のフェーズや目的に合わせたセールス手法を取り入れることが重要です。例えばサービスをローンチしたばかりの営業組織としてまずはアポイントを獲得したいという場合にはテレアポがマッチしますし、拡大フェーズにおいて営業組織の生産性を高めたい、適切に顧客管理をしたいという場合や、商談数や受注数などより売上に近い指標をＫＰＩに置く場合はインサイドセールスを導入するのがおすすめです。

インサイドセールスの機能

インサイドセールスと一口に言ってもその内容は多岐にわたります。まず、問い合わせや展示会などを通じてすでに接点を構築した顧客に対し、商談獲得のアプローチを行う機能をＳＤＲ（Sales Development Representative）と呼びます。また、まだ接点のない企業に対して電話や手紙、紹介などの手段によって接点構築から行う機能をＢＤＲ（Business Development Representative）、商談や接点を獲得した次のステップとして、オンライン商談ツールを活用して実際に商談を行う機能をオンラインセールスと言います。

これらの役割が営業活動の全体のフローの中でどのような機能に位置づけられるの

図2-02 セールスの分業・連携モデル

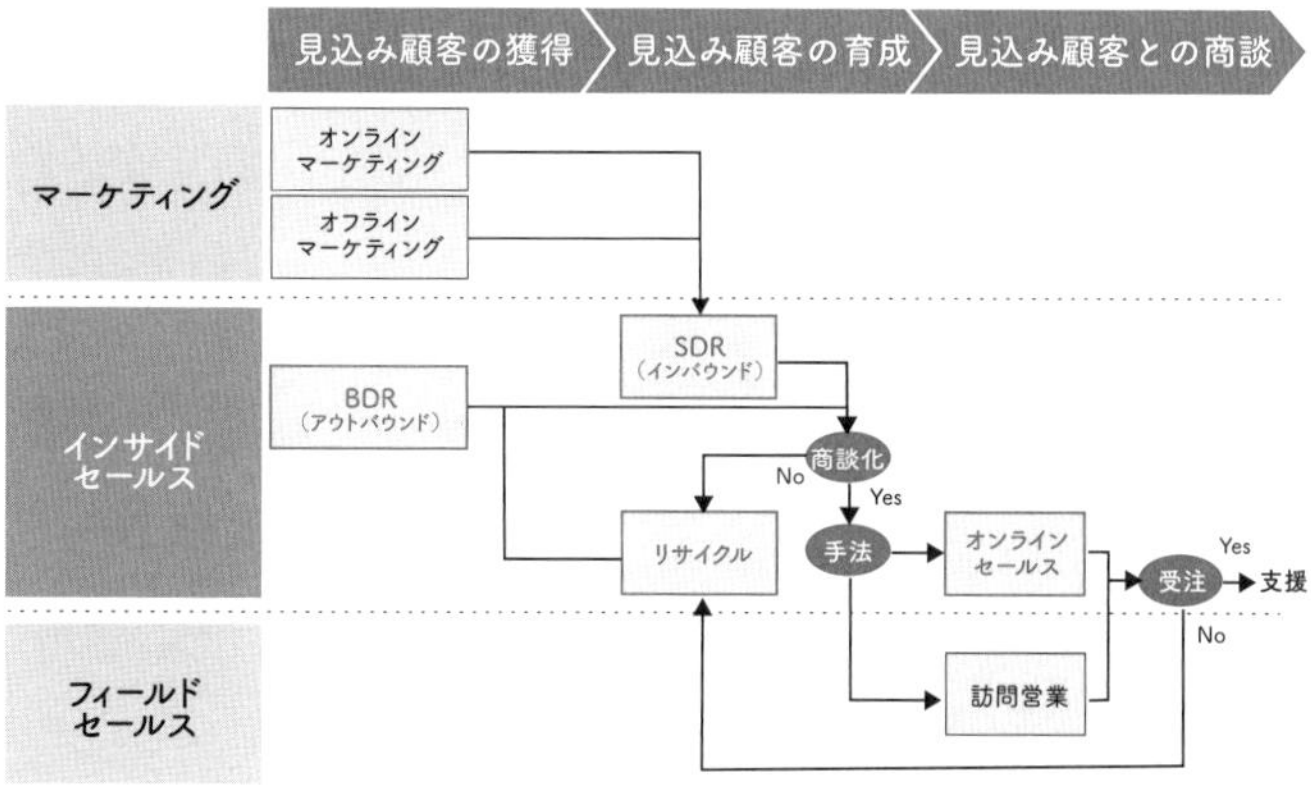

かを整理していきます。営業活動は大きく三つのステップに分けられます。1ステップ目は見込み顧客の獲得、2ステップ目は獲得した見込み顧客との関係構築を通じて購買意欲を高めて商談を獲得すること、3ステップ目は実際に商談を行い契約を獲得するという流れです。これはアメリカのCRM提供企業のセールスフォース・ドットコム社が提唱する「THE MODEL」と呼ばれるセールスの分業・連携モデルに基づきます。

テレワークが普及する前までは、インサイドセールスは三つのステップの内、見込み顧客の購買意欲を高め、商談を獲得するステップをメインミッションとし、マーケ

図2-03 インサイドセールスの機能

	BDR	SDR		オンラインセールス
		インバウンド	リサイクル	
対象	ホワイトリスト 過去の接点のない見込客	新規リード	休眠リード 失注リード	商談
目的	ターゲット企業からの新規リード獲得	新規リードからの商談獲得	休眠、失注リードからの商談獲得	移動、商談時間の短縮による受注活動の生産性向上
主な KPI	リード獲得数	商談数		受注数
主な手段	コール DM（Web/手紙） 紹介	コール / メール / ウェビナー		Web商談 電話商談

ティングとフィールドセールスの間で仲立ちをする立場であるという認識が中心でした。いわゆるSDRの役割です。その延長で顧客との接点構築をミッションとするBDRを行う企業があったり、テレワークの普及をきっかけとしてオンラインセールスを行う企業が増えたり、インサイドセールスの機能が多様化してきました。ここからSDR、BDR、オンラインセールスの具体的な内容について詳述していきます。

①SDR

（Sales Development Representative）

SDRは、すでに接点のある顧客に対して商談創出を行う機能です。顧客からの

図2-04 SDRの一般的なフロー

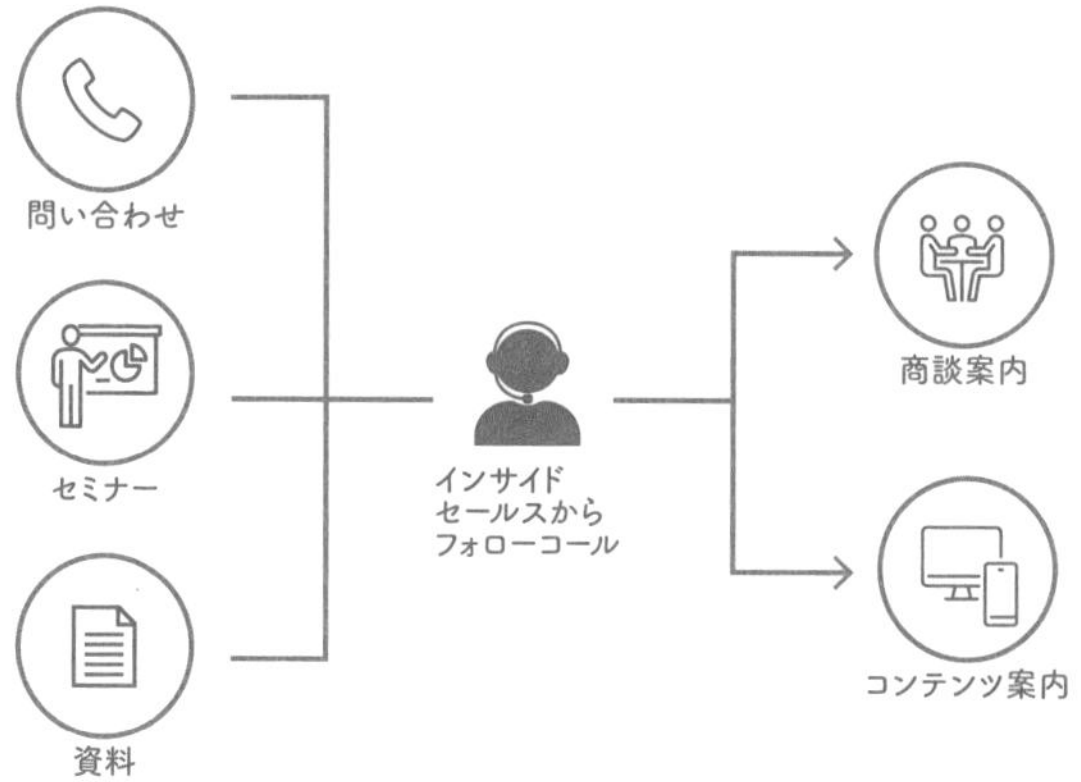
問い合わせ
セミナー
資料
インサイド
セールスから
フォローコール
商談案内
コンテンツ案内

問い合わせなど、接点の起点が顧客側にあるため、反響型、インバウンド型とも呼ばれます。

SDRの接点構築の経路は多岐にわたります。会社やサービスのWebサイトからの問い合わせ、サイトに掲載しているサービス資料、お役立ち資料などのダウンロード、ウェビナーへの参加、展示会での名刺交換など、様々なマーケティングの取り組みを通して個人情報（企業名や担当者名、連絡先など）を取得し、アプローチしていきます。マーケティング部門からリードを受け取り、フィールドセールスに商談を提供する「THE MODEL」に沿った最もベーシックな機能です。

SDRがアプローチする見込み顧客は、

程度の差こそあれ、会社やサービスのことを「知っている」「関心がある」という点が大きな特徴です。特にＷｅｂサイトから顧客側が問い合わせてきた場合は、購入に向けてかなり関心が高まっている状況ともいえます。

このためＳＤＲでは、短い期間での商談化を目指すのが一般的です。とはいえサービスの性質や顧客の検討の温度感を考えず闇雲に商談化させてはテレアポと変わらなくなってしまいますので、ヒアリングを通じて顧客の状況を把握し、最適なタイミングでの商談化が重要です。今すぐの導入でなければ中長期にわたってフォローし、顧客と関係構築していきます。

②リサイクル

リサイクルとは、商談や受注に至らなかった見込み顧客とのつながりを維持し、中長期的なフォローを通じてサービスに対する関心を高めていくことで商談につなげる機能です。リサイクルは既に見込み顧客との接点があることから、ＳＤＲに付随する機能として位置づけるのが一般的です。営業経験のある方なら深く頷いていただけると思うのですが、Ｗｅｂサイトからのお問い合わせであっても商談につなげるのはたやすいことではありません。サービスや商談化の基準、セールスチームの力量に

図2-05 リサイクルの一般的なフロー

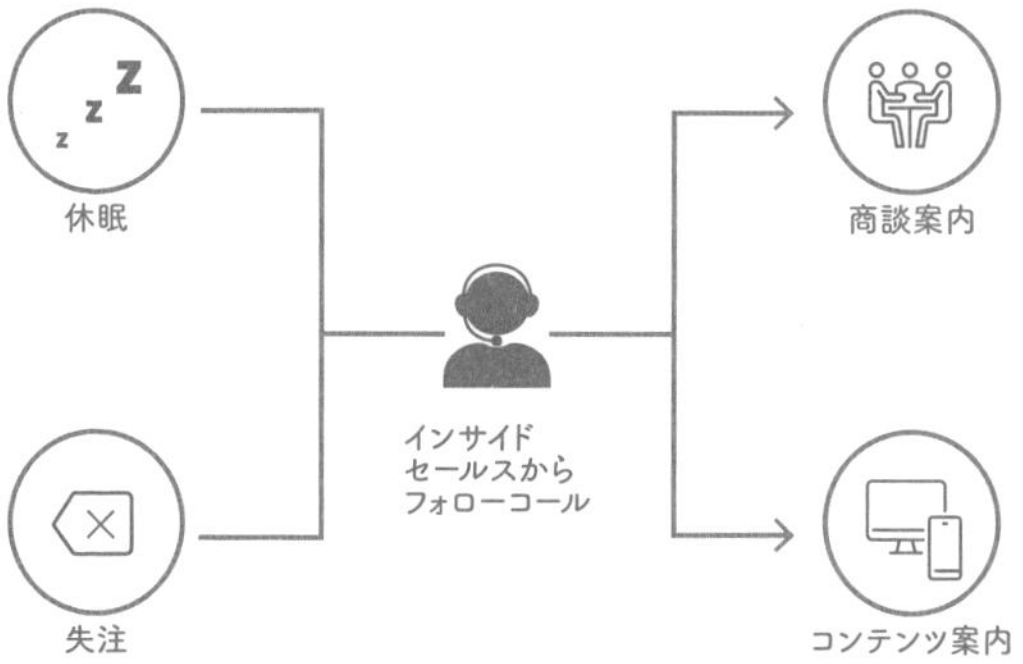
休眠
失注
インサイド
セールスから
フォローコール
商談案内
コンテンツ案内

よりますが、すぐに商談化できる見込み顧客は半数程度ではないでしょうか。また一度商談化したものの、契約に至らず失注するという場合もあります。

確かにその瞬間だけ見れば、顧客との商談獲得に失敗したことになるでしょう。しかし、顧客にとっては単にタイミングではなかった、条件が折り合わなかったに過ぎず、何かしらのきっかけでまた購入を検討するかもしれません。特にＢｔｏＢのサービスは、セールス対象となる企業が無限にあるわけではありません。一度きりのアプローチで「可能性はゼロ」と切り捨てるのは、賢明なやり方とはいえません。

そのため、商談や受注に至らなかった顧客に対する再アプローチのルールを設計し、漏れのないようリサイクルをしていくことが重要です。インバウンドで接点を持ったもののすぐに商談化しない場合には次回アプローチの時期を設定する、一度商談したものの失注した顧客に関しては失注理由を顧客管理システムに必ず記入するなどのルールを設けましょう。これらのルールをベースに、顧客の温度感が高まったところで再度電話やメールなどでアプローチし、商談設定につなげていきます。

③ ＢＤＲ（Business Development Representative）

ＢＤＲは、過去に接点のない見込み顧客に対して、電話や手紙、紹介などの手段によって接点を構築する機能です。企業データベースなどからターゲットとなる企業のリスト（一般的に接点がないことからホワイトリストと呼びます）を取得し、アプローチをしていきます。新規開拓型、アウトバウンド型ともいいます。

ＢＤＲはＡＢＭ（Account Based Marketing）の概念と深く関係します。ＡＢＭとは自社のターゲットを明確にし、ターゲットに対して最適なマーケティングアプローチを設計していく考え方です。自社サービスがマッチすると考えられる企業を具体的に抽出し、アカウントごとに個別に戦略を立てて接触を図ります。ＢＤＲから受注に至るまでに一定の投資が必要になるため、ターゲットとなるのは市場の傾向や過去の

図2-06 BDRの一般的なフロー

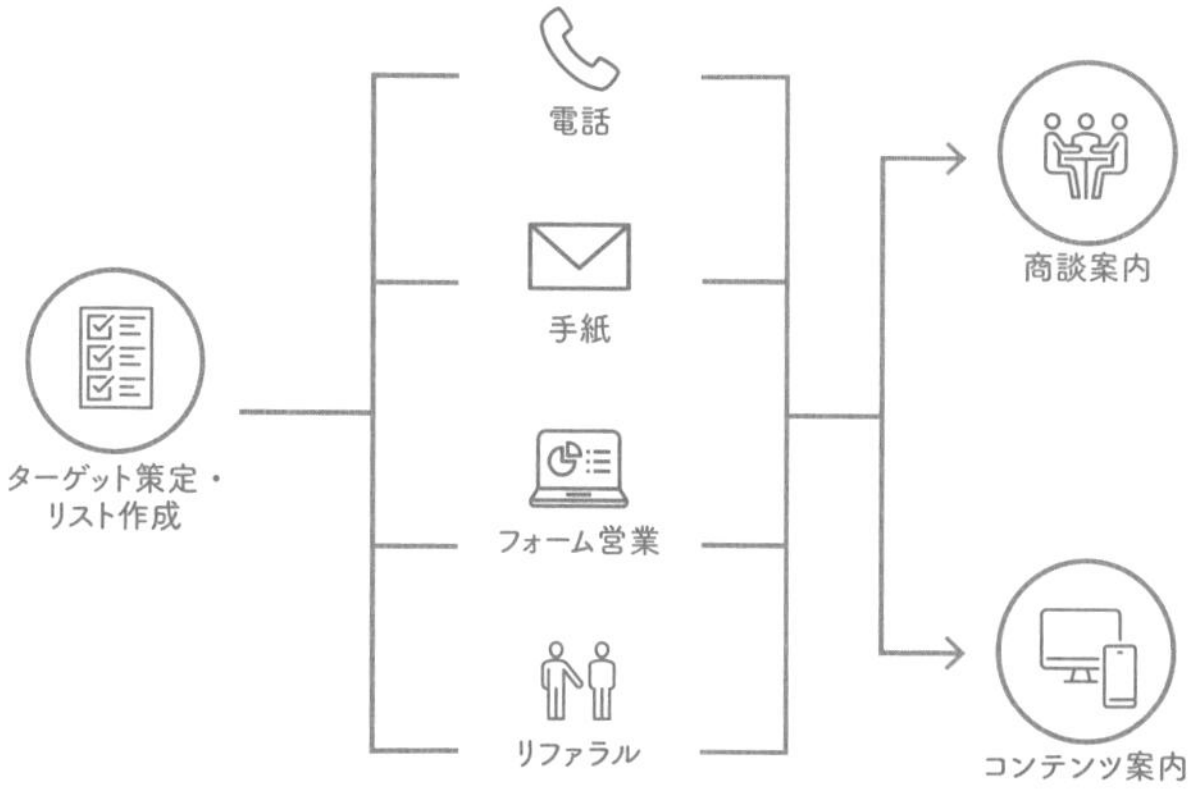
ターゲット策定・
リスト作成
電話
手紙
フォーム営業
リファラル
商談案内
コンテンツ案内

導入実績から大きなLTVが見込まれる企業です。大口契約を期待できる、複数の事業所や事業部への展開が考えられる企業になりますので、エンタープライズが対象となることがほとんどです。

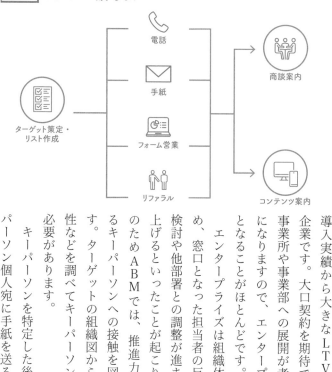

エンタープライズは組織体系が複雑なため、窓口となった担当者の反応は良くても検討や他部署との調整が進まず暗礁に乗り上げるといったことが起こりがちです。そのためABMでは、推進力や決裁権のあるキーパーソンへの接触を図るのが基本です。ターゲットの組織図から部署間の関係性などを調べてキーパーソンを見つけ出す必要があります。

キーパーソンを特定した後、例えばキーパーソン個人宛に手紙を送るのが有効か、

図2-07 ABMとは

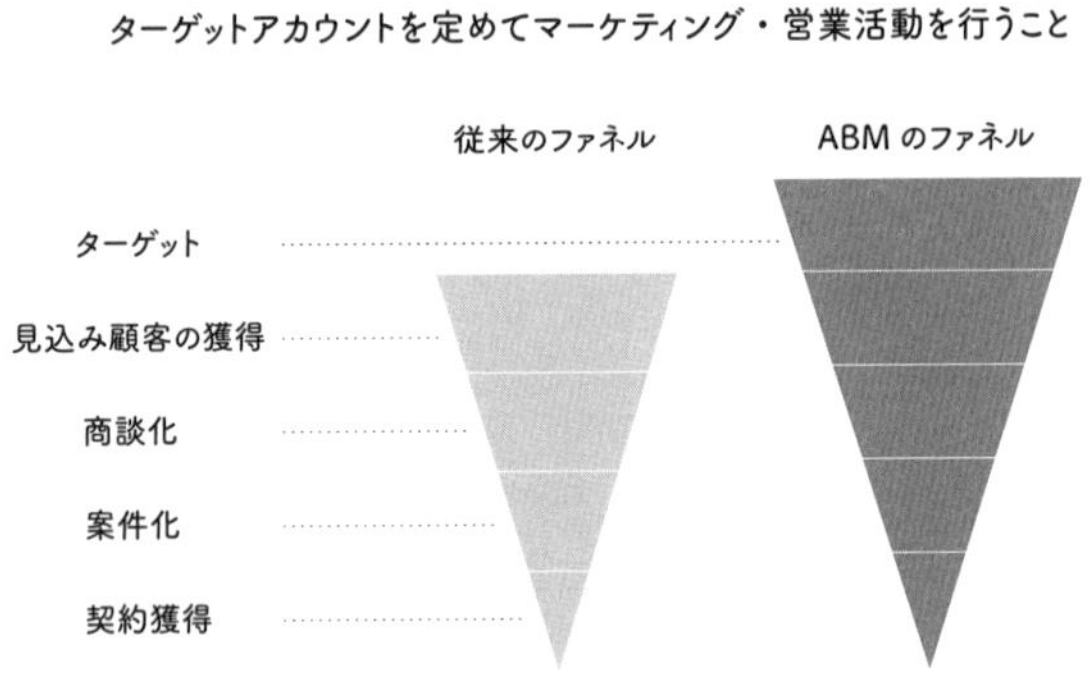
ターゲットアカウントを定めてマーケティング・営業活動を行うこと
従来のファネル
ABMのファネル
ターゲット
見込み顧客の獲得
商談化
案件化
契約獲得

既存顧客や金融機関などのつながりを活用し紹介してもらうことはできないかなど、コミュニケーション手段をメールや電話に限定せず、どうすればコネクションを築けるかを検討していきます。こうしたリサーチや戦略の立案にあたっては、マーケティング部門との連携も重要です。

④オンラインセールス

オンラインセールスとは、SDRやBDRからトスアップされた見込み顧客に対して、オンライン商談ツールや電話を活用して実際に商談を行う機能をさします。フィールドセールスとの違いは、訪問せずにクロージングまで進めることです。

SaaSのように比較的安価に契約が可

図2-08 オンラインセールスの一般的なフロー

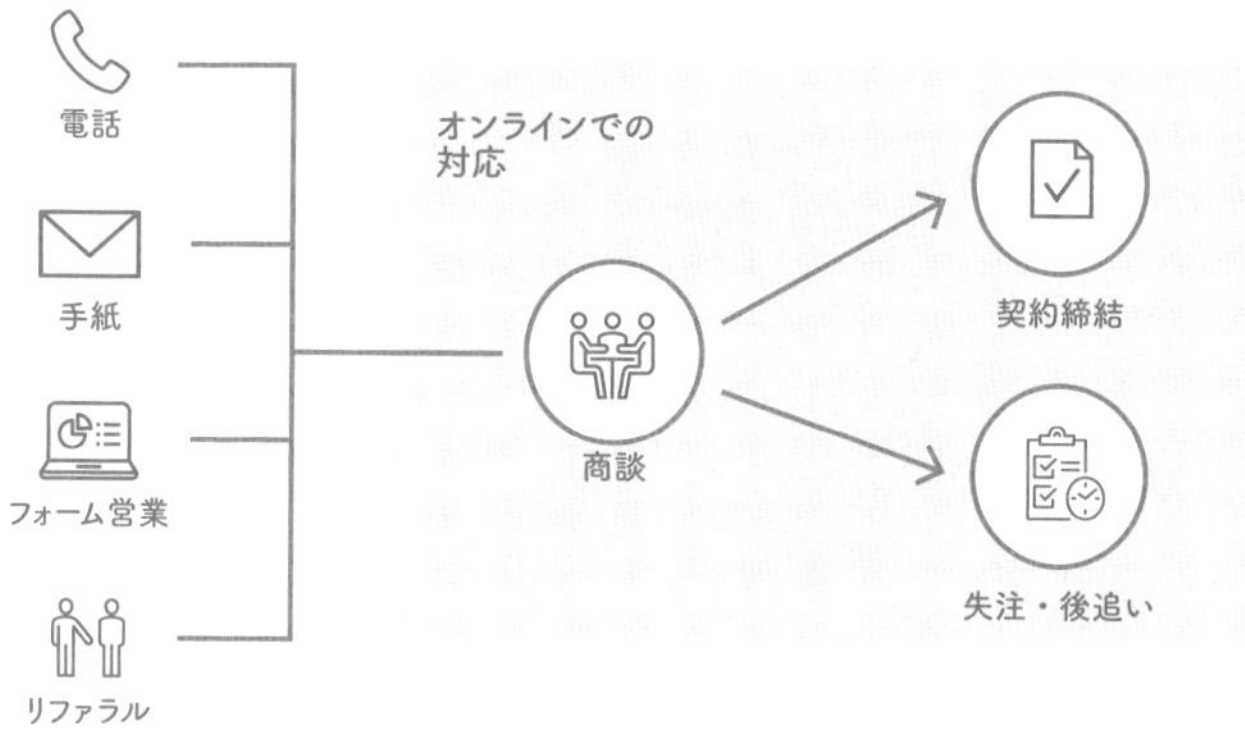
電話
手紙
フォーム営業
リファラル
オンラインでの
対応
商談
契約締結
失注・後追い

能なサービスはオンライン商談でも決裁がしやすく、またテレワークが普及しオンラインでの商談を希望する企業も増えていることから、近年オンラインセールスに取り組む企業が多くなっています。

フィールドセールスの役割がオンラインに置き換わっただけという見方もできますが、オンライン商談ならではのコミュニケーションやマナー、ツールの活用など、訪問営業とは違った観点での気遣いやテクニックを必要とします。

また最近では、サービスの活用にあたっての説明やデモンストレーション、サポートなど、受注後に発生する役割を担うケースも増えています。既存顧客向けのインサイドセールスでは、アップセルやクロスセルの商談機会の創出や受注を目指すことになります。

インサイドセールスは顧客の見極めと適切なアプローチの実行を担う

前述の通り、営業活動は（1）見込み顧客の獲得、（2）見込み顧客との商談の創出、（3）具体的な提案の三つのステップに分けられます。この中でインサイドセールスが担うことの多い（2）の役割においてインサイドセールスがすべきことについて詳述します。

ここでインサイドセールスがすべきこととしては大きく三つあり、一つ目は獲得した見込み顧客のリストが、将来的に自社の顧客となる可能性を見極めることです。自社サービスは実際にはすべての企業にマッチするわけではなく相性があります。例えば業界や業種によって課題や求めるサービスも異なりますので、自社サービスが優れたものだとしてもマッチしない顧客には価値の訴求も難しいでしょう。また、いくら購買意欲が高くても、サービスが役に立つ余地がない、仮に契約に至ってもすぐに解約することが明らかだという相手には販売するべきではありません。

二つ目は、見込み顧客を温度感に基づいて分けることです。将来的にサービスを購入する可能性があるとしても、実際に契約が見込まれる時期は当然ながら一律ではありません。インバウンドで問い合わせや資料請求があったとしても、まだ興味を持ち始めた段階で情報取集のために資料をダウンロードしたという人も含まれますので、そのタイミングで商談を設定しても契約につながるまで時間を要します。営業組織全体の生産性を考えてすぐに商談化させるのではなく最適なタイミングを図るといった判断と対応も求められます。

そして三つ目は、顧客の温度感や属性に基づいて分類して適切なアプローチを行うことです。すぐにでも導入したいという顧客には契約に向けてスピーディーに対応すべきでしょうし、潜在的ニーズを感じられてもまだまだ時期ではないという対象には、メールを主軸にコンタクトを図りながら購買意欲を高めていくことが考えられます。また同じサービスでも、対象の業界によって訴求ポイントを変える、電話の比率を増やす（もしくは減らす）など、相手によって最適なコミュニケーションは変わってくるはずです。その結果、顧客の温度感や状況が変化したら、フィールドセールスにトスアップしたりアプローチを変更するという具合で進めていきます。

インサイドセールスはこれらのアクションを、数千から数万にものぼる見込み顧客に対して実行することになります。一社一社、一人ひとりに対し、個別にコミュニケーション戦略を図るというのは理想ではあるものの難しいのが実態です。そのため、インサイドセールスには一定数の顧客群に対するアプローチの型化が求められます。「この働きかけに対しこういう反応を示す」「このアクションをしたらこういう展開になる」「サービスのこの機能紹介はこの顧客層に響く」といった仮説のもと、見込み顧客へのアクションとリアクションのデータを集めて検証し、ターゲットごとにセールスのパターンを作っていくことがインサイドセールスの肝ともいえます。

営業組織における インサイドセールスの位置づけ

インサイドセールスの機能について理解したところで、続けて営業組織全体を見渡したときにインサイドセールスがどのような役割を果たすのかを整理していきたいと思います。インサイドセールスの大きな特徴として、非対面のアプローチと営業組織の中心の位置していることの2点が挙げられます。これらの特徴に基づいて、五つの観点から説明します。

- 営業組織の生産性を高める
- 営業組織のハブになる
- 顧客の声を他部門に届ける
- 営業コンテンツを生み出す
- 営業スキルの土台になる

インサイドセールスは営業組織の生産性を高める

まず一つ目は、インサイドセールスを導入することによる営業組織の生産性の向上です。インサイドセールスは営業の機能ですので、インサイドセールスによって生産性を高めることで営業組織の成果の最大化が期待できます。生産性向上の軸としては、訪問しないことによる効率化と役割分担による最適化の二軸です。

①訪問しないことによる効率化

インサイドセールスはお客様のもとに訪問をせずに営業活動を行う職種です。顧客とのコミュニケーションは、電話やメール、オンライン商談ツールなどを用いて行います。デジタルツールに限らず、顧客属性によってはＦＡＸや手紙を活用することもあります。エンタープライズのキーマンには、直筆の手紙を送る場合もあるでしょう。

従来のフィールドセールスでは訪問先との往復の移動に時間がかかりますので、一人の担当者が1日に実施できる商談数はせいぜい2〜3件、20営業日で40〜60件が限界です。一方でインサイドセールスは移動の時間がなくなりますので、その分より多くの商談を実施できるようになります。さらに、フィールドセールスではアポイントを1時間とするケースが多いですが、オンライン商談では内容を工夫することで15〜30分で実施とすることも可能です。オンライン商談からの受注率が訪問時と変わらないのであれば、より多くの商談を行えるインサイドセールスのほうが生産性が高いと言えるでしょう。

また、SDRやBDRのインサイドセールスでは、電話やメールによって1日に数百社、数千社とのコミュニケーションを取ることが可能になります。フィールドセールスが飛び込みや訪問をして行っていた接点構築やヒアリングのプロセスを電話やメールに置き換えることでたくさんの顧客と接点が持てるようになるのです。

②役割分担による最適化

インサイドセールスは、営業プロセスの役割分担を行うことで各プロセスを最適化し、営業組織の生産性向上、成果最大化に貢献するという側面もあります。従来の営業活動では、一人の担当者が顧客との接点構築からアポイントの獲得、商談の実施、契約締結の対応、契約後のフォローまで担当していましたが、実際には各プロセスで求められる業務やスキルは異なります。

インサイドセールスは前述の通りSDRやリサイクルによる商談創出、BDRによる顧客接点の構築などの役割を専任で担うため、インサイドセールスを導入することでフィールドセールスとの役割分担ができるようになります。結果としてそれぞれが自分の役割や得意な業務に集中でき、スキルレベルの向上や業務の抜け漏れ防止、効率アップなどにつながります。

一方で、役割分担を目的としたインサイドセールスの導入には注意が必要です。事業や営業活動の状態がどのようなフェーズにあるのかで、導入しないほうが良いケースもあるからです。

新規事業を始めたとき、あるいは立ち上げホヤホヤのスタートアップを想像してみましょう。創業者と数人のメンバーで、開発も営業もしているような状況です。果たしてインサイドセールスは必要でしょうか。Ｗｅｂサイトからの問い合わせも少ない状況ですので、引き継ぎの手間などを考えると、無理にインサイドセールスとフィールドセールスを分けようとせず、同じ人がアポイント設定と商談、契約までをこなしたほうが効率が良いと考えられます。また、サービスがどのような顧客層にリーチしやすいかといった部分も、事業や会社のスタート直後はまだ手探りの段階です。創業者や開発者が直接ヒアリング、説明したほうが上手く進むことも多く、インサイドセールスを導入しても成約につながらないアポイントばかりで、無駄なアクションが増えてしまいます。

では対照的に、古くから続く伝統的な企業で売上の大半が既存顧客から、新規の顧客もお得意さまからの紹介で十分という場合はどうでしょうか。インサイドセールスが既存顧客のフォローを行う場合は必要になることもあるかもしれませんが、既存顧客との関係構築をする部門はあるでしょうし、新規顧客を獲得する必要性も薄いのでインサイドセールスは難しいかもしれません。

つまり顧客の傾向がある程度読めて、新規獲得の増加によって事業が成長している段階のときに、インサイドセールスはより機能すると言えます。端的に言えば、需要(顧客ニーズ、問い合わせの件数)と供給(営業のリソース)のバランスを見たとき、インサイドセールスがどうしても必要になるタイミングがあるのです。

例えばサービスの認知度向上やマーケティング施策により、インバウンドで見込み顧客が増えている状況です。Ｗｅｂからの問い合わせや展示会での名刺交換など、ファーストコンタクトのチャンスなのにフィールドセールスでは対応しきれない状況にはインサイドセールスが有効に機能します。インサイドセールスが電話やメールで相手の感触をうかがい、成約の見込みの高い顧客情報に絞ってフィールドセールスにトスアップすることで、効率よく営業活動を行えるからです。

また、セールス人材は揃っているのに商談数が伴っていないというときも、インサイドセールスが活躍するでしょう。フィールドセールスも商談数を確保するために自らアポイントの取得に動きますが、インサイドセールスが商談獲得の専任として動くことで効率よく商談を増やすことが可能になります。インサイドセールスによって創出される商談数が増えて安定してきたらフィールドセールスは商談に専念することができるようになります。

インサイドセールスは営業組織のハブになる

営業組織では見込み顧客の管理にパイプラインマネジメントを用いるのが一般的で

す。パイプラインマネジメントとは、セールスのプロセスを分解し、ステータスを把握・管理する手法です。パイプラインの始まりをどこにするかは様々な定義がありますが、見込み顧客の獲得を起点とするならば、インサイドセールスはパイプライン管理のちょうど中盤を担うことになります。

そしてパイプラインの真ん中にいるからこそ、見えてくることがあります。例えば架電数に対する商談化率などから、マーケティング施策の妥当性を検証することができます。十分なリードは獲得できているが想定している商談化率より低い、インサイドセールスやフィールドセールスが対応できるキャパシティと噛み合っていないなどの問題が見えれば、早急にボトルネックを見つけて、何かしらの手を打つ必要があります。

また、「あるウェビナー経由で得た見込み顧客は、架電時の反応がよく商談化しやすい」といったようなことも見えてきます。こういう場合、ウェビナーで取り上げたテーマがターゲットとなる顧客層とマッチしていたと考えることができます。マーケティングにフィードバックして、同様のテーマで第2弾、第3弾の企画につなげることで、受注確度の高い見込み顧客の獲得が期待できます。

パイプラインの後半を担うフィールドセールスにも、「このフェーズにある見込み顧客が今○件だから、来月の上旬には□件程度の商談が見込めるので体制を整えておいたほうがいい」「ヒアリングで××という声を聞くことが増えているので、こういう提案が刺さりそうだ」といった具合に、先を見越したアドバイスができます。

このようにインサイドセールスは、パイプラインの中盤の動きを見ながら、前後のセクションに適切な指示を出せる立場にあります。まさにサッカーやラグビーでいう司令塔のような存在です。営業組織の司令塔としてハブになることで、周りの部門も上手く機能するようになります。そして顧客と深い関係性を築くうえでも、インサイドセールスが中心となって連携を図り、一貫性のあるコミュニケーションを取ることが重要です。

インサイドセールスは顧客の声を他部門に届ける

インサイドセールスは非対面のアプローチによって、〝たくさん〟の見込み顧客と〝ダイレクトに〟接することができます。一方で、マーケティングは不特定多数の潜在顧客とのコミュニケーションを築くものの、発信が中心で、顧客の声を〝聴く〟機会は意外と限られています。また、フィールドセールスも購入を本格的に検討した顧客と密なコミュニケーションを図れるものの、対応できる顧客の数はある程度限られています。

対するインサイドセールスはどうでしょう。顧客の購入意欲の高低にかかわらず、日ごろどういうことに課題感を持っていて、何を求めていて、商材に対して何を知りたいのかといったニーズをヒアリングしています。それも月に数百と、かなりの数の声です。さらにヒアリングの傾向から、業界や業種の動きを知ることもできるでしょう。すなわちインサイドセールスには、市場の声が蓄積されているといえます。

この〝声〟をインサイドセールスだけに留めておくのは「宝の持ち腐れ」です。マーケティングやセールス施策、さらにサービスの改善につながるヒントがたくさん詰まっているからです。施策の反響やサービスへの要望、また既存商品の利用頻度など、他の部門に関係する情報を積極的に共有するのも、インサイドセールスの役目といえます。

インサイドセールスは営業コンテンツを生み出す

顧客の購買行動がオンライン化している今の時代においては、ホワイトペーパーやウェビナーなど、顧客がサービスや最新のトレンドについてオンラインで情報収集できる仕掛け、つまりコンテンツが必要です。このコンテンツの作成は、「コンテンツマーケティング」という技法があるくらいですから、マーケティングに任せておけばいいものなのでしょうか。

結論を言えば、答えはノーになります。インサイドセールスの成果を最大化するためには、顧客の購買意欲を高めるために有益な情報を提供したり、見込み顧客との電話やオンライン商談において、ヒアリングする中で見えてきた組織課題や導入に向けての検討課題に対して有力な打ち手を提示することが信頼を築く上で重要になりますので、インサイドセールスもコンテンツの作成に向き合うべきです。

例えばサービスの導入によって期待できる効果や類似企業の導入事例、競合との機能や価格の比較、あるいは導入時のカスタマイズ例やスケジュールなどについて要点が簡潔にまとまったドキュメントがあれば、顧客側も検討しやすくなることでしょう。

また購入に向けて関心が高まっているときは、自社で使いこなせるのかといった不安がありますし、ユーザーの生の声も聞いてみたいものです。サービスを使いこなすコツのレクチャーやユーザーをゲストに招いたトークなど、導入後のイメージを想起させるコンテンツなども購買意欲を高める有効な手段といえます。

前項の通りインサイドセールスは多くの見込み顧客と接し、ニーズや課題にまつわる情報を揃えやすい環境にありますので、それらの情報に基づいて戦略的にコンテンツを揃えていくことも可能です。そのため、コンテンツ作りをマーケティング部門に任せきりにするのではなく、マーケティング部門と連携して自らコンテンツ作りにコミットしていく部門であるべきです。

インサイドセールスは営業スキルの土台になる

インサイドセールスは営業スキルの土台作りに非常に適している仕事です。理由としては大きく二つあり、一つはジュニアなメンバーにとってスピーディに成長できる環境であること、もう一つはより成果を出すためにはハイレベルな営業コミュニケーションが求められることにあります。

①スピーディに成長できる環境

インサイドセールスには新卒入社のメンバーや中途入社でも営業未経験のメンバーがアサインされるケースが多いのですが、その背景としてスピーディに成長できる環境にあることが挙げられます。その理由は大きく三つあり、まず一つは数をこなす分、経験量を比較的早いペースで積み上げられることです。フィールドセールスの場合は多くても1日に2~3回しか顧客と話せる機会がありませんが、インサイドセールスでは1日に何十回と会話できますので、ヒアリングやトークのスキルが磨かれていきます。

次に、トークスクリプトやアプローチの型を準備できるため、新しいメンバーでもトライしやすく、再現性が高いことも挙げられます。もちろんいつまでも型どおりにしか動けない、トークスクリプトをそのまま読んでしまうといった状態では困りますが、フィールドセールスと比べると学習しやすいと言えます。

また、周りがスキルチェックやアドバイスをしやすいこともインサイドセールスが営業スキルの土台作りに適している理由の一つです。オフィスに出社すればマネージャーが近くで電話の様子をうかがうことができますし、CTIと呼ばれるクラウドの電話ツールを利用していれば出社、リモート勤務など関係なく録音を確認でき、気がついたことは直後に指摘したり、架電中ピンチのときは助け船を出したりなど、経験学習の機会は訪問営業とは比べ物にならないくらい多いのが特徴です。

②ハイレベルな営業コミュニケーションが求められる

繰り返しになりますがインサイドセールスを「テレアポと同じ」「フィールドセールスの補佐」と考えているのなら、それは大きな誤解です。インサイドセールスは見込み顧客にヒアリングを重ね、顧客の困りごとや潜在課題などを聞き出し、自社サービスとのマッチングポイントを探っていく仕事です。そしてフィールドセールスでもおなじみのSPIN話法（※2）を用いてBANT情報（※3）を聞き出すなど、提案や受注につながる鍵を見出していくのです。それにはサービスに対する深い知識が求められますし、複数のサービスを組み合わせて最適なパターンを提示するソリューション提案力も問われます。

同時に見込み顧客との信頼関係も築いていく必要がありますので、傾聴と説明の両方の高いコミュニケーション力も必要とされます。単にアンケート調査をするようなヒアリング力では通用しません。特に電話や画面越しの対話は、ノンバーバル（非言語）コミュニケーションの要素が対面に比べて激減します。声のトーンやうなずき方といったわずかな情報から相手の心情を察する必要がある上、発話のタイミングも気をつけなければなりません。実に高度なスキルを必要とする職業なのです。

インサイドセールスの働きかけによりサービスへの関心が高まったところで顧客をフィールドセールスに引き継ぐのが一般的ですが、近年はインサイドセールスがクロージングまで担うケースも増えてきています。ＳａａＳをはじめとした単価の低いされサービスは、顧客側も対面で説明を受けるまでもなく契約の可否を判断しやすいからです。インサイドセールスは多くの商談をこなせることから、同じサービスをセールスするのにインサイドセールスが立てた売上がフィールドセールスのそれを上回るという逆転現象が起こったという事例もあるほどです。

（※2）Situation Questions（状況質問）、Problem Questions（問題質問）、Implication Questions（示唆質問）、Need-payoff Questions（解決質問）の頭文字をとったもの。顧客ヒアリングに用いるフレームで、相手の潜在ニーズを引き出すのに有用とされる。（※3）Budget（予算）、Authority（決裁権）、Needs（ニーズ・需要）、Time frame（導入時期）の頭文字をとったもの。法人営業のヒアリングフレームの中で、最も基本的なものの一つ。

インサイドセールスを組織化する重要性

インサイドセールスのよくある課題

インサイドセールスの役割や営業組織における位置づけを理解したところで、インサイドセールスによくある課題と組織化の重要性について説明したいと思います。

インサイドセールスの経験者であればおわかりかと思いますが、見込み顧客へのアプローチのみにフォーカスすると、未経験であっても習得できれば一人でこなせるようになります。メールを送り、電話でサービスとのマッチングポイントや商談化の見込みを推測し、顧客管理システムにコミュニケーションの履歴を残して、商談化した顧客情報をフィールドセールスと連携する。比較的デジタル化が進んでいる職種のため、ネットワークさえ問題がなければ自宅でもこなせます。リモートで働く方も多く、もう数か月間オフィスに出向いていないという方もいるのではないでしょうか。

このように柔軟性が高く、個々の裁量も大きい働き方ともいえますが、ここには二つの課題が隠れています。一つは属人化が進みやすいこと、もう一つは孤独になりやすくモチベーションの維持が難しいことです。

テレワークには「周りにちょっとしたことを聞きにくい」という難しさがあります。ビジネスチャットなどで周りと密にコミュニケーションを取っていたとしても、一人で判断する場面はオフィスワークに比べると格段に多くなります。メンバー間で判断軸が共有され、各自の認識が一致していれば問題もないかもしれません。しかし相談すること、共有することの捉え方が個人によって異なり、まちまちな状態だと大変です。すぐにフォローアップできる仕組みを整えておかないと、我流で進めてしまう人も出てきます。これではなかなか成果は望めないでしょう。

またインサイドセールスの一連の業務を、毎日安定的にこなすのは難しいものです。一つひとつで見るとタスクはシンプルですが、ある程度量もこなさないといけません。それにインサイドセールスは会話や商談の獲得が確約されているわけではありません。インサイドセールスはむしろ断られたり頓挫したりと、上手くいかないことの連続です。また、ひたすら顧客に電話をしているばかりで、やりがいや手ごたえを見出せないという声もよく聞かれます。インサイドセールスは電話も含めた様々な手段によって見込み顧客との関係値の構築や商談設定を目指すポジションです。商談を獲得するためだけに電話をかけつづけるような業務内容に終始していると、目的や意義を見失いがちで、モチベーションが低下してしまうこともあります。

これらから言えることとは、インサイドセールスを組織的に行うことの重要性です。インサイドセールスが安定して成果を出し続けるためには、業務フローの設計やナレッジシェア、メンバーの育成を通じて属人性を少なくしていき、組織として成果を出せる状態にしていくことが求められます。また、モチベーションの観点では、業務そのものは一人で進められたとしてもチームの一員としてのやりがいを感じられる環境を築いたり、評価制度やキャリア制度を整えることで常にモチベーション高く働いてもらえるようにすることが重要です。このように、属人化やモチベーションの低下といったよくある課題に対して組織として向き合うことがインサイドセールスの成否を左右するといえます。

インサイドセールス組織を有効に機能させる13の要素

組織作りを意識しながらインサイドセールスに取り組むことが大切だとわかったところで、どのような要素がインサイドセールスの組織力を左右するのでしょうか。本書では「戦略」「オペレーション」「人材マネジメント」の三つの切り口で、インサイドセールスの組織力を考えていきます。また、「人材マネジメント」は「組織」と「制度」でさらに二つに分類しました。

＊戦略

会社や事業、営業全体の中で、インサイドセールスがどういう立ち位置にあり、どういう組織となり、何を目指すのかという要素です。インサイドセールスが会社にとって必要な組織となるべく、中長期的な視点を持ちながら組織をデザインしていきます。

戦略にまつわる要素は、次の三つです。

1．パーパス
2．機能・役割
3．KPI

＊オペレーション

戦略がインサイドセールス活動の全体像だとしたら、「オペレーション」と「人材マネジメント」がその具体化に当たります。「オペレーション」の重要な要素として、どのように業務フローを組み、どのようなツールを活用してその業務の生産性を最大化していくのかを考えます。また、インサイドセールス組織において重要となるナレッジ共有と他部署連携について整備していくことも重要です。

4．業務フロー
5．ツール活用
6．ナレッジ共有
7．他部署連携

＊人材マネジメント

インサイドセールス組織の「戦略」と「オペレーション」を実行していくのは、組織で活躍してくれる人材です。この「人材マネジメント」を「チーム」と「制度」の2つに分けました。

＊チーム

インサイドセールスの責任者を誰にしてどういうチーム（組織）にしていくのか、どのようなスキルを持っているメンバーが最適なのかなど、常に議論は絶えません。また、チームは構築して終わりではなく、成果を出し続けるためにはカルチャーを作り、モチベーションもあがるような環境づくりも重要です。

8．体制
9．スキル
10．カルチャー

＊制度

組織ができあがってきたら、メンバーに活躍し続けてもらえるよう制度を整えまし

図2-09 インサイドセールス組織を有効に機能させる13の要素

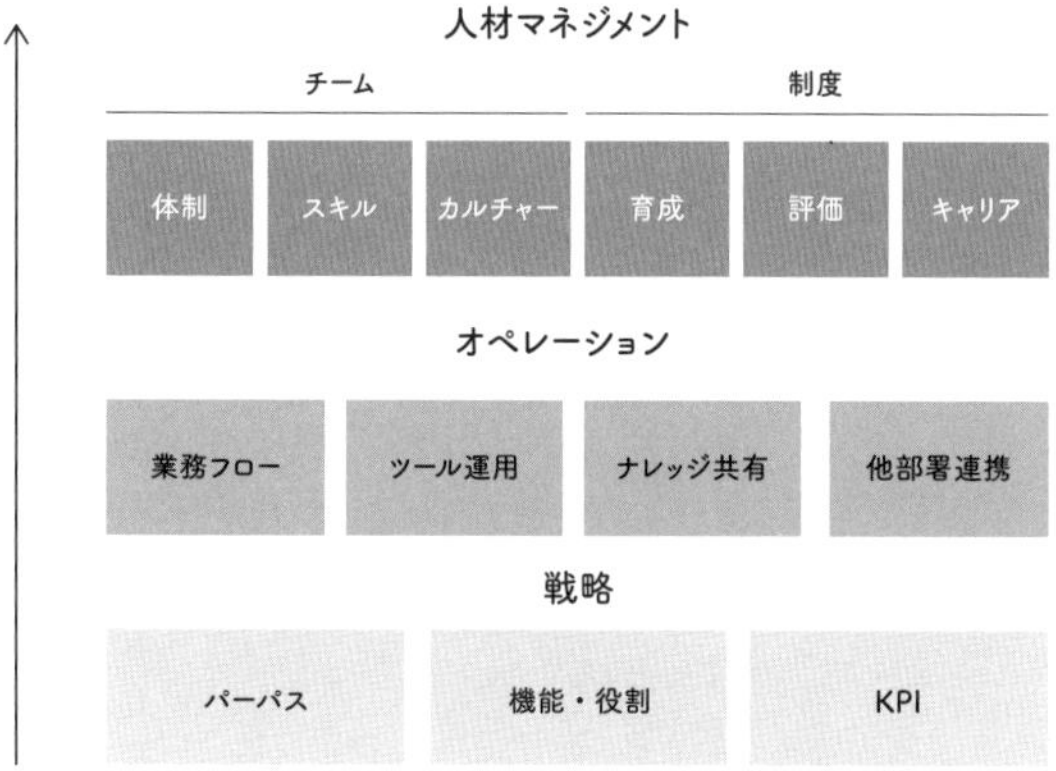
人材マネジメント
チーム
制度
体制
スキル
カルチャー
育成
評価
キャリア
オペレーション
業務フロー
ツール運用
ナレッジ共有
他部署連携
戦略
パーパス
機能・役割
KPI

ょう。育成計画の立て方やオンボーディング設計など、準備しなければいけない項目は山ほどあります。また組織として評価制度、キャリア設計を構築することで、営業組織に中長期で安定して貢献し続けられるインサイドセールス組織になります。

11・育成
12・評価
13・キャリア

「戦略」「オペレーション」「人材マネジメント」の三つの切り口は、上の図のような関係性のイメージです。戦略は土台にあたるもので、ここがしっかり固まることで、オペレーション、チーム、制度といったほかの要素を上に載せることができます。

自社のインサイドセールスの組織レベルを知ろう！

前項で挙げた13の要素は、それぞれにレベルがあります。

・どの要素がカバーできているか
・それぞれの要素は、どの程度深められているか

これら二つの掛け合わせで、チームの状態を測ることができるのではないでしょうか。わかりやすい例を挙げれば、人材マネジメントの項目で「とにかく人が足りない」と短期で現場に入れるメンバーを求めている段階と、「3年後にはチームを率いているような人材を育てよう」という段階では、組織の規模も、見えているものも、インサイドセールスが担っている範囲もまったく異なるものでしょう。

またすべての要素が深いレベルであることが理想とも限りません。先に述べたとおり、スタートアップで営業体制そのものがまだ手探りの段階で、BDRもSDRもリサイクルにも着手するというのは現実的ではないでしょう。組織の成長段階に合わ

せて、最適なレベルがあるはずです。

本書では読者のみなさんのチームの状況を把握できるよう、13の要素に関してレベル別のチェックリストを作成しました。各要素で当てはまるレベルを選んだら、レーダーチャートに記してバランスを確認してみましょう。みなさんのチームで取り組むべき課題がきっと具体的に見えてくるはずです。

課題が明らかになったところで第3章以降を読み進めれば、理解も深まると思います。時間がない方はレベルが低い要素だけ読むという進め方もできると思います。ぜひ試してみてください。

図2-10 インサイドセールスにおける13の要素スコアチャート表

図2-11 **インサイドセールスにおける13の要素チェックリスト**

パーパス（目的・ビジョン）	パーパスが定まっていない	パーパスが定まっている	社内にパーパスが浸透し、インサイドセールスの意義が認められている	社内にパーパスが浸透し、インサイドセールスの重要性が高いと認められている
機能・役割	機能・役割が定まっていない	単一機能に取り組み、機能している	多様な機能に取り組み、機能している	多様な機能かつ先進的な取り組みができている
KPI	定まっていない	行動に関するKPIが設定されている	質に関するKPIが設定されている	インサイドセールスが売上責任を持っている
業務フロー	整備できていない	基本的なドキュメントを用意した	チームのルールを整備した	営業組織をまたいだルールを整備した
ツール運用	使っていない、Excelでの運用	顧客管理のツールを導入した	CTIやメール配信、MAなどコミュニケーションツールを導入した	セールスエンゲージメントによる自動化やAIの活用ができている
ナレッジ共有	ナレッジ共有ができていない	仕組みはないがナレッジ共有が行われている	同期的なナレッジ共有の仕組みができている	非同期的なナレッジ共有の仕組みができている
他部署連携	できていない	フィールドセールス部門と連携できている	マーケティング部門と連携できている	開発など営業・マーケティングを越えた部署との連携ができている
体制	できていない	全体設計ができて成果が出せる組織になっている	オンボーディング体制が整っており人数を拡大する余地がある組織になっている	外部リソースの活用も含め安定的で再現性の高い組織になっている
スキル	スキル支援できていない	プログラムはないがスキル支援ができている	オンボーディングプログラムがある（成果を出せる）	イネーブルメントプログラムがある（成果を出し続けられる）
カルチャー	カルチャーを言語化できていない	カルチャーを言語化できている	仕組みではないがカルチャー浸透に取り組めている	仕組みによってカルチャー浸透に取り組めている
育成	できていない	オンボーディングができている	非同期コミュニケーションでも育成ができる	ツールを活用した育成ができる
評価	評価制度がない	一般的な評価制度がある	インサイドセールスに特化した評価制度がある	インサイドセールスに特化して、評価制度があり、複数回ブラッシュアップできている
キャリア	キャリア設計できていない	インサイドセールスの部門としてキャリア設計ができている	会社全体の中でキャリア設計ができている	社会全体に目を向けてキャリア設計ができている

コラム

フィールドセールスはもう必要ないの？

これまでインサイドセールスの広がりや役割について述べてきました。テレワークが普及し、訪問のハードルが高くなる中で「インサイドセールスでクロージングまでできる」となると、フィールドセールスはもういらなくなるのでは……？　と感じる方もいるかもしれません。果たして本当にそうでしょうか？

インサイドセールスはＳａａＳ企業を中心に広まったという話をしました。顧客がサービスや価値について理解しやすく、フリーミアムモデルも含めて比較的低価格帯で、他の部署や既に入れているシステムなど周囲への影響が小さいものは、意思決定における変数が少なく決裁しやすいといえます。そうしたサービスとは、インサイドセールスは効率的に営業活動を行える点で相性がよいのです。

一方で仕組みが複雑なものや、高価なもの、導入による組織への影響度の高いもの、例えばカスタマイズ性が高く、オーダーメイドに近い対応を要するものは、丁寧な説明と対話の積み重ねから信頼を築くことが重要になってきます。非対面ですべて完結させることは難しく、クロージングにはフィールドセールスの存在が頼りになるでしょう。インサイドセールス向きのサービスでも、エンタープライズなど組織が大きく、導入に稟議を重ねる会社には細やかなケアやアドバイスが求められるので、やはりフィールドセールスが入ったほうがよいでしょう。

また、デジタル慣れしていない層はフィールドセールスの価値を重く見ています。極端な例だと営業担当の印象で購入を決めている場合もあり、まだまだサービスではなく「顔で売る」、昔ながらの営業に親しみを感じる企業も少なくありません。ただし、このような販売方法がLTVの最大化という観点で有効といえるのか、中長期的な要素では一考の余地があります。フィールドセールスの方針やアプローチの仕方も、見直す時期にさしかかっているといえるでしょう。

また、新型コロナが落ち着き、オフラインへの回帰も進んでいます。そのため、低単価のサービスであっても積極的に訪問し、顧客との関係構築を強化する動きもあります。大切なことは、自社のサービスや顧客属性に応じて、売上成果を最大化するために営業プロセスを設計し、その中でインサイドセールスがベストなプロセスに対してインサイドセールスの機能を導入していくことです。

第3章

インサイドセールスの戦略

「どんな組織にしたいか」がすべてを決めていく

ここからは、第2章で取り上げた「インサイドセールス組織を有効に機能させる13の要素」について解説していきます。本章で取り上げるのは「戦略」に関する3つの要素です。インサイドセールスのパーパスや機能・役割は、第4章以降で説明する「オペレーション」や「人材マネジメント」の土台になるもので重要な要素です。

インサイドセールスの組織づくりは、「どんな組織にしたいか」を入念に考えた上で進めていきましょう。インサイドセールスを取り入れることでどのような営業活動を展開したいのか、またどのような組織でありたいのかという軸を定めることで、取るべき施策や目指すべき組織規模、業務の流れや制度設計まで、あらゆるアクションの方向性が決まっていきます。裏を返すと戦略にまつわる3つの要素をおざなりにすれば、インサイドセールス組織を構成する各要素に矛盾が生じてしまいます。未来を見据えながらも今何をすべきか、複眼的に検討していきましょう。

1 パーパス

なぜインサイドセールス組織にパーパスが必要なのか

インサイドセールスを始めるならば、いちばん最初に取り組むべきなのがパーパス(Purpose)の言語化です。パーパスとは和訳すると「目的」ですが、ここでは「目的・ビジョン」という二つの意味を包括してこの言葉を使っています。

近年企業経営の文脈においてもパーパス経営に注目が集まっています。パーパス経営とは社会に対する自社の存在意義を明確にして、どのように貢献していくかを定めて、それをもとに経営をしていくことです。この視点をインサイドセールスにも当てはめると、会社や営業組織に対するインサイドセールスの存在意義を明確にして、どのように貢献していくかを定めて、それをもとにインサイドセールスの組織運営をしていくことと言えるでしょう。

それではなぜインサイドセールスの組織にパーパスが求められるのでしょうか。パーパスが必要な理由として大きく四つの観点から説明したいと思います。

・あらゆる施策の土台になる
・他部門からの理解を得る
・インサイドセールスへの投資判断の基準になる
・インサイドセールス組織とメンバーの拠りどころになる

あらゆる施策の土台になるパーパス

インサイドセールスの組織にとってパーパスが必要な理由の一つは、パーパスがあらゆる施策の土台になるということです。例えば、インサイドセールス組織の立ち上げ当初はとにかく実行して組織としての学びを蓄積をしていく必要がありますので、行動量にフォーカスする必要があります。

しかし、パーパスとして「営業成果の最大化」を定めていれば、本来着目すべきは行動量ではなく商談からの受注率であったり、受注金額です。このパーパスがインサイドセールスの組織で浸透していれば、インサイドセールスとして受注を意識するために、行動量を担保した上で次に何をすればいいのか？という観点で行動を改善することができるようになります。

あるいは、SDRとしてインバウンドやリサイクルの活動に取り組んでいるインサイドセールス組織のパーパスが「自社サービスのニーズのある新規顧客からの商談獲得」だとします。するとSDRの活動だけでなく、ターゲット企業からの新規商談獲得に向けてABM戦略をもとにしたBDRの活動にも取り組む必要があると判断でき、新しい施策の検討に進む必要が出てきます。SDRを中心とした組織で商談件数をKPIにしていると、気づけばターゲット外の企業との商談ばかりを設定してしまっているケースがあります。SDRで獲得できている顧客属性がターゲットにマッチしていなければ、なおさらBDRを行うべきだとなるでしょう。

また、インサイドセールスは商談機会の最大化に加え、電話やメールでのヒアリングを通じて得られた「顧客の声を他部門に届ける組織」であるとパーパスを設定したとします。すると商談件数や商談金額をKPIとして設定するのはもちろん、サービスやプロダクトに関するフィードバック、またマーケティング部門やフィールドセールス部門への改善提案の活動も評価すべきであり、そのための評価制度の設計や、フィードバックを促すための仕組みや会議体の設計も必要になってきます。

このようにあらゆる施策はパーパスに基づいて設計されていきます。パーパスがなければやりたいことと実際のオペレーションや組織制度がちぐはぐになりかねません。自社に適したパーパスを設定できると、インサイドセールスの方向性から具体的な施策まで、一貫した動きが取れる組織になるでしょう。

パーパスは他部門からの理解を得るためにも必要

インサイドセールスは多くの営業組織にとって新しい取り組みであり、マーケティング部門やフィールドセールス部門との密な連携が必須になるため、特に立ち上げにあたっては他部門からの理解を得ることが成否を分けます。マーケティング部門やフィールドセールス部門からの理解を得るためにもパーパスが重要になるのです。

インサイドセールスの導入は営業部門にとって大きな決断です。第2章での解説からもわかるように、分業と仕組み化による営業プロセスを実践することになるからです。これまでアポイントの獲得から見込み顧客への提案、クロージング、既存顧客に対するサポートや新たな提案まで、営業プロセスのすべてをフィールドセールスが担っていたのであれば、インサイドセールスを導入することは天変地異が訪れるくらいの衝撃です。マーケティングにしても、獲得したリードがサービスにどれだけ関心を持ち、契約につながっていったかを追うことになるので、今まで以上に緻密な投資対効果の計算と、効果的な施策を問われることになります。

これまでのやり方を根本から見直し、さらには部門間の連携や業務フローのアップデートまで求められるのですから、ある程度の反発は起こってしかるべきでしょう。特に自ら顧客を発掘し、誰の手も介在させずに受注やアフターフォローまでを手掛けることをやりがいにしてきたようなフィールドセールスがいたとしたら、「顧客を育ててきた」という強い自負があるはずです。その思いや責任感の強さは認めつつも、新たな営業プロセスへの理解を求めていく必要があります。

周辺の部門にインサイドセールスの介在価値を認めてもらうには、なぜインサイドセールスを始めるのかというパーパスを明確にし、しっかり説明することが大切です。インサイドセールスを導入することで営業成果の最大化にどのようにつなげていくのか、そしてマーケティング部門やフィールドセールス部門にどのような価値を提供できるのかを定義し、共通認識を持つことが重要なのです。

また、インサイドセールスのパーパスに関する認識合わせは、マーケティング部門やフィールドセールス部門にとっても自部門の存在意義を改めて問い直すきっかけになるでしょう。他部門のパーパスも経営戦略やビジョン、営業全体の目標に沿って考えていくと、単に自部門だけに都合の良い理由でインサイドセールスを拒むことはできないと納得できるはずです。

インサイドセールスへの投資判断の基準になる

パーパスは、会社としてインサイドセールスの活動に投資すべきかどうかを判断するためにも大切です。インサイドセールスの導入や拡大には人やツールへの投資が必要になりますので、当然ながらお金がかかります。多額の投資をしてまでインサイドセールスを行うべきだと経営と認識合わせができていなければ、いくら素晴らしいパーパスを掲げていたとしても成果を出せない場合は投資がストップしてしまいますし、そもそも取り組み自体をスタートすることもできません。

投資判断の基準としても十分なパーパスの設計にあたっては、ポイントが二つあり

図3-01　インサイドセールスで成果を出すまでに要した期間

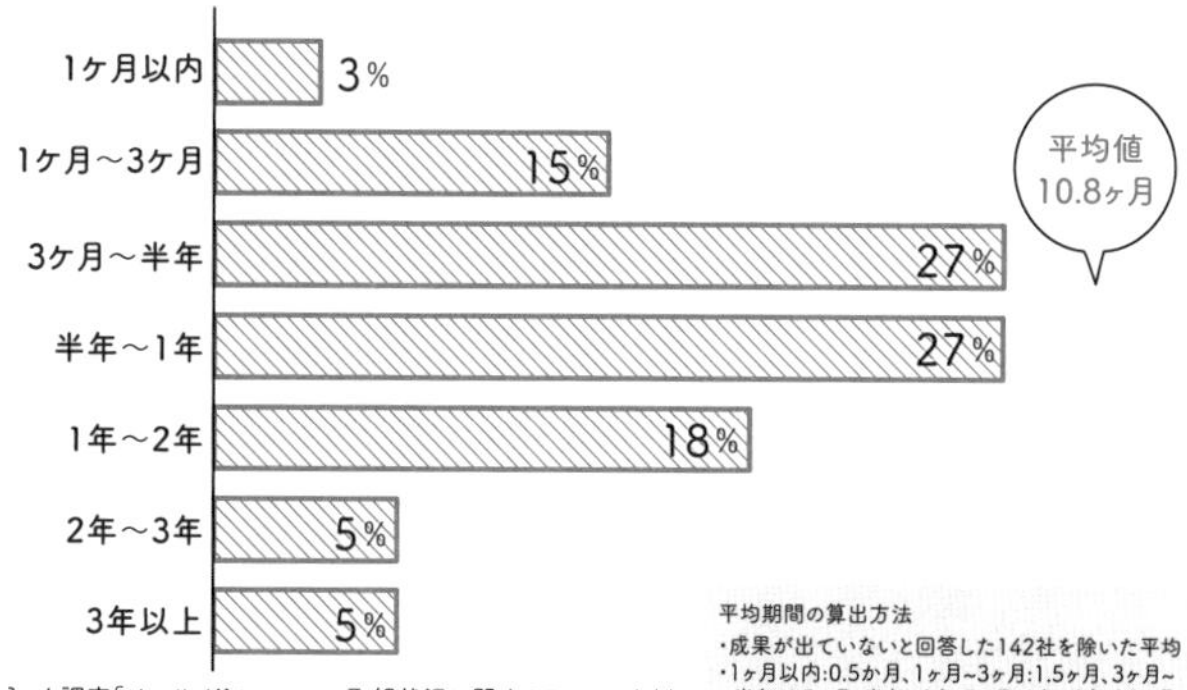

インターネット調査「インサイドセールスの取組状況に関するアンケート」をもとに作成

平均期間の算出方法
・成果が出ていないと回答した142社を除いた平均
・1ヶ月以内:0.5か月、1ヶ月~3ヶ月:1.5ヶ月、3ヶ月~半年:4.5ヶ月、半年~1年:9ヶ月、1年~2年:18ヶ月、2年~3年:30ヶ月、3年以上:36ヶ月として算出

ます。一つ目は、売上の最大化に貢献することをパーパスとして置くことです。インサイドセールスの役割がSDRやBDRの場合、直接クロージングを行うわけではありませんが、インサイドセールスも営業組織の一つですので、やはり売上にどれだけ寄与できるかは重要な要素です。インサイドセールスを導入することでどのような指標を改善し、結果としてどれだけの売上貢献が見込めるのかを試算すべきです。

二つ目は、時間軸を意識することです。成果を出すまでにどれぐらいの時間を要するのか、またその後インサイドセールス組織をどれぐらいの時間をかけてどのように発展させていくのかという時間の観点を盛り込みます。実際にインサイドセールスを立ち上げてから成果につながるまでに平均で10・8ケ月要するというデータもあります。立ち上げ時に保有している顧客リストの状態やサービスの特性など様々な変数があり、すぐに成果が出る場合もあれば、成果が出るまでに1年以上かかるということもあります。また、インサイドセールスは立ち上げて終わりではなく、中長期で取り組んでいくテーマです。3年後、5年後、10年後にどのような状態にするのかを考えることも大切です。

これらが整理できたら、経営と認識合わせを行います。いつまでにどれだけの投資をしてどれぐらいの売上を見込むのかを、インサイドセールスのターゲティングやアプローチなどの戦略とセットでしっかりと議論することで、会社として納得感を持ってインサイドセールスに取り組めるようになり、他部門からの理解を得ることにもつながるでしょう。

インサイドセールス組織とメンバーの拠りどころになる

インサイドセールスが軌道に乗り、経営や周囲からの賛同も得られるようになってきたら、パーパスはより組織やメンバーにとって必要なものになってきます。まず組織の観点では、組織のフェーズが進み、インサイドセールスメンバーの人数が増えたり、外部から新しいメンバーが入ってきたときに、「私たちはなぜインサイドセールスに取り組むのか」というＷｈｙの部分をすり合わせておくことが重要になります。

インサイドセールスは仕組みを作ることで上手く機能します。メンバーの向かうところがバラバラだったり、それぞれが自分本位な行動を取ったりしていては機能しません。一つひとつの動作について「なぜそうするのか」というところから理解を得る必要がありますし、インサイドセールスの働きに対する共感なしには実務に就くことは難しいでしょう。パーパスは自分たちのあり方を決める哲学であり、組織の活動の細部にまで及ぶものです。ひいてはパーパスを定めることで、採用や育成、チーム内のコミュニケーションや風土に至るまで、1本の筋の通った組織づくりにつながっていきます。

組織が成長して人が増えていくと、何も手を打たなければ驚くほどにバラバラになります。小さなチームのときにはメンバー同士の阿吽の呼吸でできていたことが、まったく通用しなくなります。また、組織に階層が増えると階層間に距離が生じ、お互い何をやっているのかもわからなくなり、意見や考えに対立が起こります。だからこそパーパスを設定し、パーパスを組織の拠りどころになるようにすべきです。

また、パーパスはインサイドセールスに従事するメンバー一人ひとりのモチベーションやエンゲージメントの向上にも必要不可欠です。インサイドセールスは電話やメールを泥臭く、繰り返し行う仕事ですので、それらの業務を通じて会社や営業組織にどれだけ貢献できているのかという存在意義を実感できなければモチベーションやエンゲージメントは低下してしまいます。パーパスを明確にして発信し、それが会社全体に浸透して、感謝や称賛があふれる組織になれば人が定着し、持続可能性の高いインサイドセールス組織を作ることができるでしょう。

誰に対してどのような価値を提供したいのか

インサイドセールス組織にとってのパーパスの必要性を理解したところで、実際にパーパスを考えてみていただきたいと思います。ただ、実際にはパーパスを考えると言われてもどうすれば良いかわからない、こういうのは苦手だと思われる方も多いかと思います。そこでパーパスを考えるヒントとして、簡易的なフレームワークを用意してみました。

図3-02 パーパスを考えるフレームワーク

		提供対象		
		営業組織	会社	社会
提供価値	定量			
	定性			

表の横軸は価値を提供する対象で、営業組織、会社、社会へと、右へ行くほど対象が大きくなっていきます。前述の通りインサイドセールスは営業組織の一部になりますので営業組織にどのように貢献するのかという観点は重要ですし、またその営業組織も会社の一部ですので会社への貢献の観点も重要です。まずは営業組織や会社にどのような貢献をする組織にしたいのかを考えましょう。

そしてさらにその先として、社会への貢献にも目を向けてみるとより意義が大きく、よりワクワクする組織になります。例えば「BALES」では、インサイドセールスの代行やツールを通じてインサイドセールスを支援する組織ですので、社会のインサイドセールスをリードするというパーパスを掲げています。このようにインサイドセールスの活動を通じて社会にどのような貢献をしたいかも考えてみましょう。

表の縦軸は提供価値を定量、定性の観点で整理するものです。定量面で言えば、受注金額や受注件数、商談件数など、数字で測れる成果が当てはまります。また、定性面で言えば、一番顧客に接する部門として顧客の声を他部門に届ける、営業プロセスのハブとして営業組織全体の生産性を高めるなどが当てはまるでしょう。いずれも営業組織や会社にとって重要なことを設定すべきであり、それは会社や事業のフェーズやカルチャーによっても変化しますので、自社に合わせて最適なものを設定しましょう。

パーパスを言語化し、触れる機会を設ける

パーパスの設定ができたら、それを会社や営業組織、インサイドセールスのチームに浸透させていくことが必要です。そのためには当たり前ですが、言語化して資料としてアウトプットすることが大切です。インサイドセールス組織の責任者が頭の中で考え、口頭で説明していても、実際には声として届いていなかったり、間違った理解

になってしまっているということがよくあります。言語化してドキュメントの形式で手元に届けることでパーパスがより伝わるようになるでしょう。

また、これはパーパスが適切に設定されていれば自然となされることではありますが、パーパスに基づいてパーパス以外のインサイドセールス組織の要素について設計していくことです。オペレーションや組織制度の設計にあたって、パーパスから外れることは取り入れるべきではありませんし、仮に取り入れるべきという場合にはパーパス自体の見直しを行うタイミングかもしれません。パーパスと施策のずれがあると、パーパスの形骸化や期待していた成果につながらないということが起こってしまいます。一貫性を持って運用することでパーパスも浸透していくでしょう。

そして、パーパスに触れる機会を繰り返し設けることも重要です。月次や週次の定例会議でパーパスに言及したり、パーパスについて語り合うようなイベントを設けたり、日々の１on１などのコミュニケーションの中でもパーパスを中心に話すようにするなど、意図的に触れるタイミングを作ります。地道ではありますが、パーパスを大切にして、パーパスをたくさん口にすることが一番の浸透施策です。

2 機能・役割

どんな機能をインサイドセールスに持たせるか

パーパスを明確にしたら、次はパーパスに基づいてインサイドセールスの組織計画、成長戦略を考えます。そのときに議論となるのが、SDR、BDR、オンラインセールスなど、インサイドセールス組織にどのような機能を持たせるかです。最終的にはすべての機能を網羅することを目指しているかもしれませんが、立ち上げ初期からすべてを揃えるのは現実的ではありません。それに一部の機能さえあれば十分という場合もあるはずです。

パーパスは組織の理想を示すもので抽象的であるのに対し、組織計画はより現実的で具体的なものにする必要があります。現状のリソースや取り組みやすさ、成長のしやすさ、関連する部門や市場動向などに鑑み、最速で成果を出すことができる機能から始めることをおすすめします。

以下具体的な状況を挙げて取り組むべき機能例を考えていきます。

＊オンライン施策から一定数のインバウンドリードが見込めるならSDR

インバウンドで見込み顧客を獲得する経路が確立されており、その他充実したWebコンテンツやセミナーの定期開催、展示会への出展などマーケティング施策が整っているのなら、真っ先にSDRを取り入れましょう。インバウンドリードは、言わずもがなですが商談化率、案件化率、受注率が他のリードソースに比べて高い傾向にあります。自社に興味があるリードへの対応をタイムリーに行うことが、営業成果向上への一番の近道になります。

＊放置されている休眠顧客リストがあるならリサイクル

過去参加した展示会やイベントなどのリードが大量にあり、なおかつ放置されている場合は、休眠顧客に対するリサイクルから始めましょう。休眠顧客は一度接点がある顧客なのでアプローチがしやすく、またリード獲得からアプローチするまでの間隔が短いほど前回の接点を覚えているため話の展開も早いです。定期的に接点づくりをすることで顧客のナーチャリングにもなります。

インバウンドで毎月たくさんのリードを獲得できるという企業は限られており、貴重な顧客接点を最大限活かしていくことが企業成長において非常に重要になってきます。リサイクルのアプローチを整えておくことでマーケティング施策の成果最大化にもつながってきますので、アプローチのしやすさだけでなく企業成長のインフラを整えるという意味でもおすすめです。

＊ターゲット顧客との接点構築からスタートしたいならＢＤＲ

自社で保有しているリードが少なく、マーケティングも初期段階の場合は、ＢＤＲから開始することでインサイドセールスでもリードを獲得できるようにすると良いでしょう。その場合、ターゲティングにはこだわるべきです。ＢＤＲの失敗例として、むやみやたらと電話をして企業リストを消費してしまった上に自社のブランディングを毀損してしまうというのがあります。

ＢＤＲは、自社のサービスがフィットするであろう業界や規模を過去のデータや社内の知見に基づいて考えていけば高い確率で成果を出すことができます。ＡＢＭの考え方をインサイドセールスに取り入れ、投資対効果を意識して取り組みましょう。

なお、自社がどのような状況に当てはまるのかがそもそもわからない、という場合は、まずは現状を知る手掛かりになるデータを振り返ることが大切です。見込み顧客が月にどれくらい流入しているのか、休眠状態の見込み顧客がどのくらいいるのかといったリードの状況や実際に受注・失注している企業の特徴など、リード獲得からクロージングまでに関係する数字や定性情報を洗い出すことで、インサイドセールスにどんな機能を持たせるべきかが見えてきます。

自社の状況に合わせて最速で成果を出せそうなインサイドセールスの機能を選定したら、あとは実行に移すのみです。計画や戦略策定はもちろん行った上で、最後は動いてみないとわからない部分もあります。実際には計画を立てたらそれで終わりではなく、実行と振り返り、修正を繰り返しながら徐々にセールスモデルを磨いていくのが望ましいです。

加えて、どのようなセールスモデルを確立していきたいのか、そのためにインサイドセールスに持たせた機能をどう拡張していくべきなのか、1年後、3年後、5年後と、中長期的な目線で段階的に組織のレベルアッププランを考えるのがポイントです。インサイドセールス組織の将来的なイメージが描ければ、今後必要になってくる要素を洗い出すことができます。採用計画の策定やアウトソーシングを活用した外部施策の検討などが必要になってくる要素の一例です。

どのように機能を拡充していくか

最初に選択した機能が無事軌道に乗った後はさらなる成果向上に向けて次の機能拡充を考えていきます。例えばSDRからスタートした場合、アプローチを続ける内に商談に至らなかった見込み顧客や失注顧客も蓄積されていきますのでリサイクルの機能に広げることは効果的ですし、SDRではターゲットとなる顧客に接触できていないということであればBDRに広げてアウトバウンドで接触を図りにいくのが良いでしょう。また、サービスラインナップが豊富でアップセルやクロスセルの機会を作りやすいのであれば既存顧客向けのインサイドセールスにチャレンジすることも有効かもしれません。SDRの中でウェビナーの運営機能やお役立ち資料などのコンテンツ作成機能など専門化を進めていく選択肢もあります。

いずれもインサイドセールスのパーパスや想定されるROIに基づいて広げるべき機能を判断していくことが重要です。インサイドセールスは変化が激しく新しい施策やトレンドがどんどん生まれてきますので、流行に反応してむやみに広げていくと取り組んでみたものの成果につながらないということになりがちです。パーパスにどれだけ寄与するのか、また商談や受注のＲＯＩがどれだけ大きくなるのかを機能ごとに評価し、選択と集中を意識して拡充していくようにしましょう。

また、機能拡充を進めるにあたってアプローチの対象となるターゲット企業の規模や業種などのセグメンテーションも重要になります。属性が異なればリードの獲得方法も商談化に向けたナーチャリング方法も大きく変化しますので、ターゲット戦略に基づいて必要な機能を考えていくべきです。また、初めに取り組んだ機能の成果を分析してみると成果につながっているセグメントとつながっていないセグメントが見えてきますので、成果が出ていないセグメントに対してどのような機能であれば成果を出せるようになるかという考え方で広げていくのも良いでしょう。

参考としてセグメンテーションによるインサイドセールスアプローチの変化について簡単に説明します。

＊企業規模

規模の大きなエンタープライズ企業向けにアプローチをするのか、あるいは中規模、小規模企業向けにアプローチをするのかでインサイドセールスの機能は変わってきます。例えばエンタープライズ企業の高役職者はインバウンドでは接点を持つことが難しく、紹介や手紙などのアウトバウンドでのアプローチが必要になりますのでBDRがマッチします。一方で小規模の企業であればインバウンドで接点を構築できますし、ROIを考えるとアウトバウンドの施策に伴う費用が重たいためSDRがマッチするでしょう。

なお、最近ではエンタープライズ企業向けにアプローチしたいという企業が増えています。エンタープライズ企業の方がLTVが大きく、事業の成長率を高く保つために重要なセグメントになるからです。エンタープライズ企業へのアプローチではキーマンへの接触までに接点を持つ担当者が増えたり商談化までのリードタイムが伸びることから単純な行動量ではなく受注などの最終成果に近いKPIを設定することが多く、またインサイドセールスとフィールドセールスの関係性も一緒に開拓にトライするバディのようなスタイルになる傾向にあります。

＊業種

業種によって購買行動が変わりますので、当然インサイドセールスのアプローチ方法も変化します。例えば情報収集のソースとしてその業種に特化したオンラインメディアや雑誌、イベントなどがあったり、そもそもＷｅｂで検索をしないということもあります。また、接続しやすい時間帯が変化したり、電話よりもメールの方がコミュニケーションを取りやすい、あるいはＦａｘが手元に届きやすいなど相性の良いアプローチ手法も異なります。

他にもインサイドセールスのアプローチ手法に影響を与える属性情報として創業年や経営者・従業員の年齢層、エリアなどもあり、属性にあわせてインサイドセールスの機能を設計していくと成果につながりやすくなります。また、共通して重要になるのが決裁権を持つ高役職者にいかにアプローチするかです。ターゲットとしている企業属性の高役職者と接点や関係を構築していくためにはどのような手段が有効かを考えると最適な機能の選択につながるでしょう。

3 KPI

パーパスに紐づく指標を設定する

インサイドセールスに携わる方とお話をする際に、よく話題に上がるのがKPIです。「THE MODEL」に基づいた営業組織の中でインサイドセールスが健全に機能しているのか、パーパスを実現する存在となっているのかを客観的に示すために、KPIによるマネジメントを行うことは誰もが理解できることだと思います。

しかし、自社組織において何をKPIに設定するのが適切なのかがわからない、という相談は後を絶ちません。最適なKPIとはどのように導き出せばよいのでしょうか。一つ言えるのは、KPI管理を行う背景には企業としての目的の実現があります。つまり、要素1で取り上げたパーパスが、KPI設定においてもやはり拠りどころとなるのです。

例えば架電数を追求することが、自社のインサイドセールスのパーパスとどれだけ紐づくのか考えてみましょう。「成功のためには圧倒的な量が質を凌ぐ」というのが組織に共通するパーパスであれば、KPIに架電数を設けるのは一理あるといえます。ただし、架電数が表すのは「電話をかけた数」であって、それ以外の意味は持ちません。見込み顧客から有効な情報を聞くことができたのか、相手の態度変容を促しサービス導入に対し少しでも前向きになってもらえたのかといったヒアリング内容までは、架電数から推し量ることは難しいです。であれば架電数だけを追いかけることは成果向上に本質的につながるでしょうか。そう考えたときに、KPIである架電数とともに見直さなければいけないのはそもそも掲げていたパーパスだったりします。パーパスとKPIを紐づけることで、両者の正当性を見極めることもできるのです。

受注から逆算してKPIを設計する

要素2「機能・役割」でも述べましたが、KPIの設計にあたっても最終目的からの逆算思考がポイントになります。次ページの図（3-03）はリードの獲得から最終的な受注までを分解したもので、大まかにリード、コール、リーチ（担当者接続）、商談獲得、案件化、受注にブレイクダウンできます。最終的に必要な受注数から考える

図3-03 インサイドセールスで置くKPIの考え方

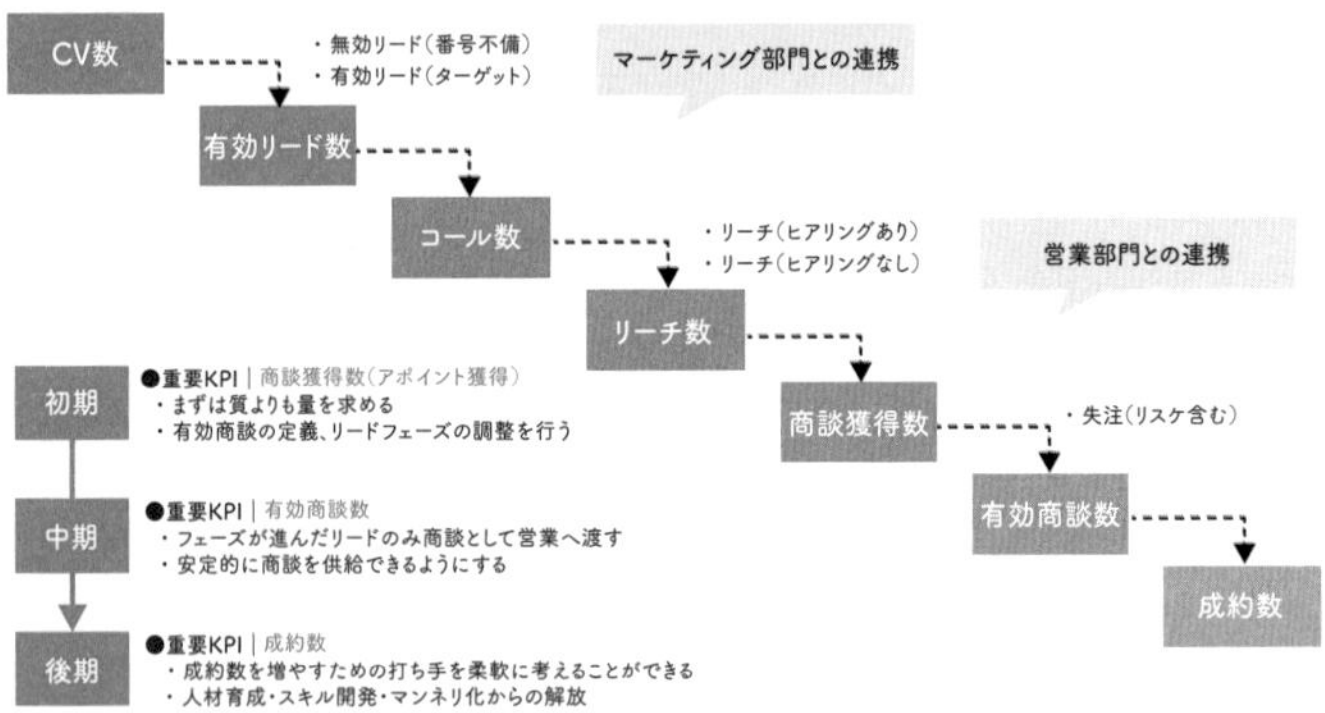
CV数
・無効リード（番号不備）
・有効リード（ターゲット）
マーケティング部門との連携
有効リード数
コール数
・リーチ（ヒアリングあり）
・リーチ（ヒアリングなし）
営業部門との連携
リーチ数
商談獲得数
・失注（リスケ含む）
有効商談数
成約数
初期
●重要KPI｜商談獲得数（アポイント獲得）
・まずは質よりも量を求める
・有効商談の定義、リードフェーズの調整を行う
中期
●重要KPI｜有効商談数
・フェーズが進んだリードのみ商談として営業へ渡す
・安定的に商談を供給できるようにする
後期
●重要KPI｜成約数
・成約数を増やすための打ち手を柔軟に考えることができる
・人材育成・スキル開発・マンネリ化からの解放

と、受注率が30％であれば実際に必要な商談は何件で、その商談数を達成するためには行動数が何件求められて、それだけの行動数をこなすためには有効リードが何件は必要だというイメージで棚卸しして考えましょう。

こうすることで、マーケティングからインサイドセールス、フィールドセールスまでが同じプロセスの中でKPIを持つことができます。すると組織として、部門間の連携がより重要度の高いものになっていきます。受注を目指すにあたってボトルネックになっている事象を解消するために、各部門で関連性のあるKPIを定め、お互いに適切な行動が出てきているのか、相互に連携を取り合う体制を作りましょう。

立ち上げ初期は行動数をＫＰＩに設定する

パーパスに紐づくＫＰＩを設定する、また受注から逆算してＫＰＩを設定するという考え方を前提とした上で、立ち上げ初期のインサイドセールスがＫＰＩに置くべきはやはり行動数になるケースが多いかと思います。

立ち上げなど初期のフェーズでは、まず行動数を担保しないことにはその先の商談や受注が生まれないのはもちろんのこと、何がボトルネックになるのかといった分析もできません。インサイドセールスを始めたばかりの段階では、市場のニーズも受注につながる見込み顧客の傾向も、右も左もわからない状態です。オペレーションも組織に定着していませんし、またどれくらいの行動数があれば、フィールドセールスの受注目標に合わせた供給を担保できるかも見えていません。まずは数をこなすことで学習する段階が、どうしても必要になってきます。ですから架電数やメール送信数などの行動数を主なＫＰＩとして定めるのが一般的です。

ただし、設計する際には商談数の目標から逆算しつつも、保有リード数や流入予想リード数などに鑑みて無理のない件数で考えるようにしなければいけません。SDRに取り組むためにはそもそものリード数が必要であり、根拠のない行動数のKPIを強いることはメンバーのモチベーションを下げるだけではなく、顧客体験を損なうことにもつながります。そのため、立ち上げ期で行動数をメインとする場合にも、その行動数は売上目標から逆算して設計するようにしましょう。

単純な行動量から売上に近い指標へシフト

実は「BALES」でも、架電数などの行動数に重きを置きすぎてなかなか成果が出ない時期がありました。商談が獲得できない、それでは架電数を増やそう、とにかくセミナーを開いて見込み顧客を獲得し、アプローチをしようと躍起になっていました。しかし、データを分析してみると、架電数やメール送信数などの行動数は満たしていましたが、その後の商談化率がボトルネックであり、考えるべきは注力して獲得すべきリードソースの選定やトークスキルの向上だったのです。

行動量に走ってしまう場合、中間のデータ収集・分析が十分ではない場合が多いです。例えば有効会話数（架電をしてヒアリングまで至った件数）をウォッチできていないケースです。架電数だけ測っていると、そこは達成できているものの蓋を開けてみたらまったく担当者にはたどり着いておらず何のヒアリングもできていない、という事態に陥ることも考えられます。要は、架電数を担保できるようになってきたらそこに留まり続けるのではなく、次の指標に目を向けることが大切だということです。そうやってKPIの目線をどんどん上げていくことが、売上という成果を生み出すインサイドセールス組織につながっています。

架電数などの行動数の次のKPIとしては、有効会話数や商談数などがあります。ただし「商談数」も、なかなか手ごわい数字です。架電数と同様、商談化した数を示すに過ぎないからです。ニーズが顕在化していない見込み顧客となんとなく日程調整できたからといってそれを商談としてトスアップしてしまうと、受注確度は当たり前ですが低く、フィールドセールスの工数を無駄に消費するだけになってしまいます。

そこで次の段階として重要になるKPIが、案件化数や受注数、売上などです。

ここから言えることは、インサイドセールス組織が成熟するに従って、活動の精度は高まっていき、受注や売上といった一連のセールス活動のゴールに影響を及ぼすようになるということです。この段階では、フィールドセールスとのリレーションも構築されていて、お互いに必要とする存在として意見交換をし合う関係になっているはずです。

部門間連携を円滑にするＫＰＩ設定のコツ

インサイドセールスはマーケティング部門とフィールドセールス部門の間に位置しますので、インサイドセールスの成果はマーケティング施策にも左右されますし、インサイドセールスの成果がフィールドセールスの成果にも影響します。例えばインサイドセールスのＫＰＩが商談数だった場合、それが達成できないとフィールドセールスとしても商談機会の減少に伴い受注見込みも減ってしまうことは想像に難くないと思います。このようにある部門のパフォーマンスが前後の部門のパフォーマンスに影響を与えることは、分業と連携を前提としたセールスモデルではいろいろなところで起こり得ます。

自分たちの役割を全うすることはもちろん大事です。ですが、どんなに自部門が高いパフォーマンスを発揮できていても、その結果が他部門の成果につながっていないと、組織全体の目標達成には貢献できていないという状態に陥ってしまいます。当然ですが、自分たちのアクションが、他部門のパフォーマンス向上に良い形で作用して欲しいものです。どうすれば、〝自部門満足〟を回避し、他部門との相乗効果を図ることができるでしょうか。

〝自部門満足〟が起こる大きな理由は、視野狭窄にあります。どういうことかといえば、部署の目標を達成することに集中してしまうあまり、その後の影響まで考慮できない状態です。

例えば商談数や商談化率の月次目標達成までもう少しというとき、フィールドセールスへのトスアップ判断が甘くなってしまった。そうした経験に覚えはないでしょうか。確かにその月のインサイドセールスのKPIだけを見れば、目標をクリアしています。商談実施の第一目的が顧客接点の創出なのであればそれでいいのですが、受注を見込んだ一次提案が目的なのであれば、フィールドセールスまで目を向けると最適とは言えません。情報収集や関係構築が十分でないまま商談を実施しても相手のニーズを汲んだ提案はできないので、失注する可能性が高くなります。もう少しインサイドセールス側が適切に時期を判断してトスアップをしていればいい関係性を築けたかもしれませんが、時期尚早で失注するというのは大きな痛手です。フィールドセールスの評価指標となり得る受注数や受注率が下がってしまうため、評価面においても足を引っ張る形となります。

何より、こうしたケースがいくつも重なると、フィールドセールスはインサイドセールスを信用しなくなります。いつしか「インサイドセールスが渡してくる商談は期待できない」と判断し、フィールドセールスが自力で顧客を創出する、既存顧客の営業活動ばかりに注力をするといったことになりかねません。セールスの分業と連携という構造そのものが崩壊して、協業ができなくなります。

こうした状況を回避するには、視野狭窄を防ぐためのKPI設定の工夫が重要です。具体的には自部門の行動のみによらない部分、つまりフィールドセールスの範囲もインサイドセールスのKPIに取り入れるということです。例えば先の例なら、受注数や受注率をインサイドセールスのKPIに設定するなどです。受注はフィールドセールスが担う領域です。インサイドセールスはクロージングに直接関与することは難しく、ホットな状態の見込み顧客をトスすることが主な役割です（クロージングまでインサイドセールスが担うオンラインセールスなど、例外もあります）。ただし、先のKPIを設定することで、本当にトスアップしていい状態なのか、よく考えて判断するようになりますので、トスする見込み顧客の質の担保につながります。

KPIを設定する際には、マーケティング、インサイドセールス、フィールドセールス、カスタマーサクセスのマネージャー同士で、セールスモデルの全体設計の改善や見直しを図ると同時に、各部署の業務と周囲との関係性や影響範囲を整理し、期ごとに目標設定をします。その上で上手くいかない場合はボトルネックを洗い出し、改善を図っていきます。また、数字の議論だけで終わらせず、立てた数字を確保するのに人や時間をどれだけ投資しているのか、ロスが生じたときに前後の部署でどのようなリカバリーが行われているのかなど、具体的なアクションについても話し合っておくことで相互理解が深まります。

行動データの蓄積からはじめよう

初期のKPIが行動数（架電数、メール送信数）重視になるのは、どれだけ架電したら商談化するのかなど、数の感覚や傾向を探るためです。ということは、行動データを蓄積することが非常に重要になります。インサイドセールスはデータの蓄積と分析がオペレーション設計や機能の検討に大きく影響します。「この課題感を持つ企業は受注可能性が高い」、「この段階でこの情報を提供すると商談につながりやすい」など、営業活動で得られるすべてのリアクションが改善のヒントになります。とはいえサンプル数が少ないと、成功や失敗もたまたま起こったものなのか、再現性の高いものでなのかの判断がつきません。ある程度ケースを貯めていく必要があるのです。

そのため、行動を記録として残すことは、とても大切です。1回のコールでヒアリングできる情報量の把握や、提案につながる顧客情報、受注見込みのスコアリング定義などにつながってくるからです。データが残っていないと、仮に受注した場合でもインサイドセールスが介在した価値を測れなくなりますし、有効なプロセスを検証できなくなってしまいます。

インサイドセールスを始めたにもかかわらず撤退してしまったという企業は、この時期を乗り越える前に見切りをつけてしまったケースが多く見られます。量を回す、記録を残す、検証する、成功パターンを見出すという成長過程を、最低でも1年、粘り強く動かしてみることが大事です。また、記録を残すときは、フリーテキストの多用はなるべく避けるべきです。分析に使えないので、選択式やプルダウン方式など、数字で残すような工夫をするとよいでしょう。

という話をすると、データを貯めたいが現場が入力をしてくれないという声が聞こえてくることが多いです。そこで重要になるのがツールの設計です。詳しくはツールの要素の中で説明しますが、ツールを導入して自然とデータが貯まる設計をしておくことが重要です。スマートキャンプが提供するセールスエンゲージメントツール

「BALES CLOUD（ベイルズ クラウド）」ではツール上で電話の発信やメールの送信ができ、自動で記録されますので、確実にデータが貯まっていきます。このように現場が無理なくデータを残せるようにしておくべきです。

コラム

インサイドセールスの介在価値を数字で語ることの重要性

パーパスのところでも述べましたが、インサイドセールスの導入には周囲の理解が欠かせません。特にフィールドセールスの立場にしてみれば、分業化によって自分たちの仕事が奪われた、あるいは面倒な仕事が増えたと感じてしまうこともあるかもしれません。理想は立ち上げ段階からインサイドセールスの価値を正確に伝え事前に期待を寄せてもらうことですが、難しい場合は少しずつ必要性を感じてもらい信頼関係を築いていかなければ、営業活動の分業・連携は上手く機能しません。フィールドセールスにインサイドセールスの介在価値を認めてもらうことは、立ち上げ初期の重要なミッションの一つです。

そしてフィールドセールスからの信頼を得るにあたり、インサイドセールスの効果を数字で示すことは強い説得力を持ちます。重要なのは、フィールドセールスの営業効率化や受注率向上に寄与する数字を見せることです。インサイドセールスを導入する前後の、商談からの受注率の比較などがわかりやすいと思います。見込み顧客のナーチャリングはインサイドセールスが担っていますので、以前よりも見込み顧客の温度感の高い状態で商談に臨めているはずです。商談の質が高まることで、平均受注金額や商談から受注までのリードタイムの改善も期待できます。また分業化によって効率が上がることで、今までフォローしきれていなかった商談後の見込み顧客対応が可能になったり、時間外労働の削減などもできるでしょう。

上手くインサイドセールスが機能していれば、「必要な顧客情報を集めてくれているから、提案に集中できる」「相手の商材理解が進んでいるから、本題にすぐ入れる」など、フィールドセールスも定性面でのポジティブな変化を感じているはずです。加えてデータで定量的な変化を示すことができれば、インサイドセールスが介在することの価値を納得してもらえるのではないでしょうか。

ただし、気をつけなければいけないのは、これらはすべてインサイドセールスが〝うまく機能していれば〟の話だということです。自分たちの行動量確保、KPIの達成に躍起になって案件化の見込みの薄い商談をトスアップするようなことが続けば、フィールドセールスからはたちまちそっぽを向かれてしまいます。インサイドセールスは定期的にフィールドセールスと連携を図り、商談時に必要な情報をアップデートするなど、ニーズに応える姿勢が望まれます。

絶対に避けたいのは、インサイドセールスとフィールドセールスが敵対関係になってしまうことです。立ち上げ初期は関係強化を目的に、フィールドセールスのマネージャーがインサイドセールスのマネジメントを兼務するなど、体制面を工夫するのも一案です。

第4章

インサイドセールスのオペレーション

「どうやるか」を定めない限り、組織は動かせない

本章ではインサイドセールス組織の生産性に大きくかかわるオペレーションについて、「業務フロー」「ツール活用」「ナレッジ共有」「他部署連携」の4つの要素を解説していきます。

インサイドセールスの戦略（パーパス、機能・役割、KPI）を定めたら、実際にどのように運用していくのかといった具体的なオペレーションの整備を進めていきましょう。当たり前ですが、目指す方向性が決まっていても〝どうやるか〟がなければ組織を動かすことはできません。さらに、組織が成長して関わる人が増えてくると考え方も取り組み方も多様になってくるため、複雑化や属人化を招いてしまう恐れが出てきます。誰がアサインされても組織として望ましい方向に近づけるように、〝どうやるか〟のガイドラインを設ける必要があるのです。

組織的にインサイドセールスに取り組み始めると、必ず求められるのが生産性を高めるための合理化です。たくさんの見込み顧客を広くカバーし接点を増やすこと、再現性高くかつ効率的に顧客獲得の機会を生み出すこと、そしてアプローチを通じて得た情報を有効に活用できるようにすること。それぞれを同時に実現していくには、いわゆる気合いと根性に任せていては上手くいかないのは明白です。インサイドセールスに関わるすべての人がスムーズに実行できて、かつ認識にズレのない仕組みを構築していくことが求められます。

また、その仕組みはかなり広範に渡って考えておく必要があります。実務に直結するような業務フローの大枠からトークスクリプトなどの細部まで、定義やツールの活用方法、メンバー間のナレッジ共有、ひいては他部署連携まで、インサイドセールスの入り口から出口までのガイドラインを設けておくべきでしょう。加えて自分たちがノウハウを持ち合わせていない部分があれば、どうやって取り入れるのかから議論することもあると思います。組織がどんなフェーズにあっても共通する、オペレーション整備の鍵を探っていきましょう。

4 業務フロー

インサイドセールス業務の全体像

業務フローの設計にあたっては、大きく2つの段階をたどるのが有効です。アウトラインの設計とメンバーの行動レベルでの設計の二段階です。

まずは業務フローのアウトラインを組み立てていきます。マネージャー層が中心となり、マーケティングやフィールドセールスとの連携も考慮しながら、セールス全体の流れの中でインサイドセールスが担う範囲を決めます。〝どうやるか〟をざっくりとでも一度決めてみることで、より熟考する必要があるフローやそもそも必要のないフローが見えてきます。

インサイドセールスの中でもBDRとSDRは電話とメールを中心としたオペレーションという点では共通しており、業務フローはアウトラインレベルではほとんど

図4-01 インサイドセールスの基本的な業務フロー

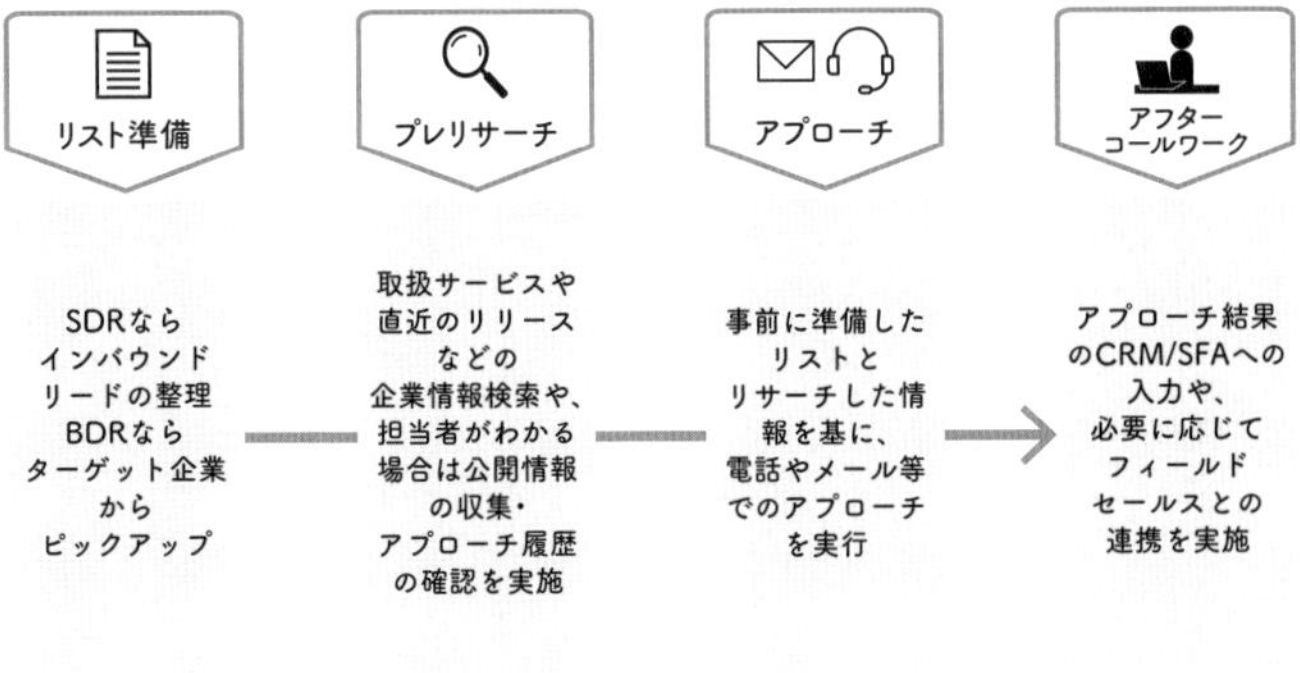
リスト準備
プレリサーチ
アプローチ
アフターコールワーク
SDRならインバウンドリードの整理 BDRならターゲット企業からピックアップ
取扱サービスや直近のリリースなどの企業情報検索や、担当者がわかる場合は公開情報の収集・アプローチ履歴の確認を実施
事前に準備したリストとリサーチした情報を基に、電話やメール等でのアプローチを実行
アプローチ結果のCRM/SFAへの入力や、必要に応じてフィールドセールスとの連携を実施

同じになります。

上の図の通り、アプローチ対象となるリスト準備からスタートし、アプローチ前のプレリサーチ、実際のアプローチ、アプローチ後の情報入力（電話をした後の情報入力をアフターコールワークとも呼びます）が一般的な流れです。商談獲得に成功すればフィールドセールスへの連携が発生し、またSDRの場合にはリスト準備にあたってリード獲得を行うマーケティングとの連携が必要になります。

インサイドセールスでは多数の見込み顧客に対して効率的にアプローチすることが求められますので、リスト準備やプレリサーチ、アフターコールワークにかける時間をいかに短くするかが重要になります。一件のアプローチに平均で10分かかるのか、30分かかるのかによって、1時間あたり、1日あたりにアプローチできる顧客数は大きく異なりますので、最も効率の良いフローになるように設計していきます。

大枠から現場の動きへと落とし込んでいく

業務フローのアウトラインを設計した後は、メンバーの行動レベルで具体的にオペレーションを考えていきます。

例えばSDRでは、マーケティング施策によって見込み顧客が流入してきたとき、どのような状態でインサイドセールスに引き継がれるのか。流入経路や企業規模に基づいてリスト化された状態なのか、フォーム経由の問い合わせは発生と同時に通知が来るのか。また、フィールドセールスに見込み顧客を引き継ぐタイミングは商談日時を設定したときなのか、それとも商談化できるだけの顧客情報を取得したときなのか、そもそも商談化に値する顧客情報とは何かなど、インサイドセールスの対応範囲をあらかじめ決めておきます。

また、メールの文面や電話のトークスクリプトも複数パターン準備し、顧客と最適な関係を築くための具体的なアプローチを検討していきます。ヒアリングなどを通じて得た顧客情報を適切に管理するために、CRMの入力項目や形式（プルダウンやラジオボタンで当てはまるものを選択するのか、箇条書きにするのか、フリーテキストなのかなど）も決めておく必要があるでしょう。

SDR、BDRのアウトラインは前述の通りほとんど同じですが、具体的なオペレーションに関しては考えるべきことが変わります。SDRであれば見込み顧客の情報がインサイドセールスに入ってきたときにまずはメールを送るのか、電話をするのかなどを流入経路ごとに決めていき、BDRではターゲットの設定からリストの入手、手紙を送るときに添付する資料に、代表電話からターゲットにたどり着くまでのアナウンスや交渉の仕方など、誰が担当しても同程度の質を担保できる〝型〟を作っておきます。

まずは基本的な情報・運用の整理から

メンバーの行動レベルでの業務フローを具体的に考えていく際には、サービス情報の整理と基本運用の整理の2つの軸で棚卸ししていくとわかりやすいです。

・サービス情報の整理

まずはインサイドセールス活動を実行するのに必要な自社サービスの情報を整理しましょう。もともと営業をやっているメンバーがほとんどだとしても、サービスの理解度、習熟度は意外とバラバラということもあり得ます。また、インサイドセールスでは顧客にサービス資料やお役立ち資料など様々な情報を提供していきますので、情報が用意できていない、分散しているという状況では効率が落ちてしまいます。成果を最大化させるためにも、改めて整理しましょう。

ー サービスの概要、関連資料

顧客にとってわかりやすいものになっているか、自社のメリットを端的に伝えられ

図4-02 インサイドセールスの業務フローにおける基本情報

サービス情報	基本運用
サービスの概要 関連資料	社内連絡手段・方法　進捗管理方法
トークスクリプト	リスト管理・準備　アプローチ前準備
FAQ 切り返し集	トスアップ基準・設定方法

ているかなど、単なる説明資料にならないよう様々な目線でチェックすることをおすすめします。

- トークスクリプト

トークの型を整えるために必須です。トークスクリプトの必要性についてはよく議論になりますので、その点も含め詳しく後述します。

- FAQ、切り返し集

事前に予想できる質問やお断り文句に対してどう返答するかの型を用意しておきましょう。アプローチをする中で追加して、より実践的に使えるものにブラッシュアップしていきます。

トークスクリプトやFAQ、切り返し集はどんどんアップデートしていくものです。「BALES」でもインサイドセールスの代行支援をする際に必ずこれらを用意しますが、実際に稼働している中で、特に初めのうちは高い頻度で修正や追加をしていきます。そのため、最初から作りこみすぎないようにし、運用しながらより良いものを作っていくスタンスがおすすめです。

・基本運用の整理

インサイドセールスとして日々行動していくにあたって必要になるであろう運用上の細かなルールを事前に取り決めておきます。日程調整やリスト管理、進捗管理にあたってはツールを有効活用することも重要になりますので、セットで考えていくことをおすすめします。

― 社内連絡手段・方法

インサイドセールスチームでのコミュニケーション手段を予め決めておきましょう。ツールを複数導入していると似たような話がそれぞれのツール上で進んでしまうことがあり、それは情報の一元化の観点からするとよくありません。

進捗管理方法

どうやって進捗を管理するのか、どのタイミングで確認するのか、どちらも決めましょう。CRMにアプローチ履歴を残しているのなら、そのデータを可視化して進捗を管理することになるはずです。また、進捗状況の確認は日次で行うのか週次で行うのか、ミーティングをするならどのくらいの時間で誰をアサインするのかなども決めましょう。当たり前のことに聞こえるかもしれませんが、ここを疎かにするとKPIの達成はあり得ません。

リスト管理・準備

インサイドセールスの活動にあたって肝心なのがリストです。自社のインサイドセールスの機能によって準備する情報は変わってきますが、SDRであればインバウンドリードの流入経路やその振り分け方を検討したり、BDRであればまずはターゲット企業の選定とそのリストアップから始めましょう。

｜アプローチ前準備

実際に電話やメールでアプローチを開始する前に、準備しておくべき項目を洗い出します。ＢＤＲであれば特に重要で、リード情報がないので下調べに時間をかけすぎてしまうことがよく起こるのですが、それでは非効率です。予め架電前に調べるのは企業情報の中でもこれとこれ、とポイントを決めておくべきです。そうすることで余計な時間をかけず、効率的に準備を進めることができます。

｜トスアップ基準・設定方法

フィールドセールスに商談としてトスアップする基準や、商談を誰にどうやって設定するのかについては入念にすり合わせておきましょう。また、候補日時の確認方法やＷｅｂ商談のＵＲＬ発行、顧客への案内方法など、日程調整に関するオペレーションも固めておきましょう。これらが上手く連携できないと、社内だけでなく顧客に迷惑をかけてしまうことになります。トスアップ基準についてはさらに詳細を後述します。

トークスクリプトは必要なのか

業務フローの設計において「トークスクリプトは必要か」というテーマはよく議論になります。トークスクリプトがあると画一的になり応用が利かない、顧客との対話にならないから不要という意見をよく聞きます。これは「BALES」でもよくディスカッションしたテーマですが、結論を言うとスクリプトはあったほうが良いでしょう。メンバーの能力値は少なからず個人差があるため、型があればチームの底上げやチーム全体での課題発見、オペレーション改善につながりますし、新しいメンバーをアサインする場合には型を用意しておくことで早期に業務に慣れてもらうことができます。

ただし、トークスクリプト依存症にならないように注意は必要です。トークスクリプトに頼りきってしまうと、本来であれば会話の流れや相手の状況に適した形でヒアリングを深めていくべきところを、思考停止してスクリプト通りのヒアリングしかできなくなってしまいます。そうなると、奇跡的にトークスクリプト通りに進んだ場合は商談につながったとしてもそれ以外のケースでは成果が出なくなってしまい、商談獲得率がグッと下がってしまいます。

トークスクリプト依存にならないために大事なのが、やはり〝Ｗｈｙ〟の部分です。私たちが電話をするのは、課題のヒアリングやサービス紹介を通じて顧客のサービスに対する理解度と納得度を高めるためです。トークスクリプトの内容を淀みなく話せるのが大事なのではなく、顧客の立場に立ってどんな情報を提供したら喜ぶのか、どういう話ができたら魅力的に感じていただけるのかを考えながら対話を重ねることが求められています。スクリプトは基本の型として持ちつつ、ＳＰＩＮ話法をトレーニングで身につけるなど、メンバーのスキルやマインドの醸成を図ることも重要です。

トークスクリプトの磨き方と注意点

トークスクリプトは一度作成したら終わりではありません。原型となるものができたら、１～２週間ほど試してみます。するとと肉付けすべきところやカットすべきところが見えてきますので、細かい調整をしてまた2週間ほど試してみます。このような改善を繰り返すことでトークスクリプトをブラッシュアップしていきましょう。ある程度固まってきたら個人の裁量に任せても良いと思いますが、アレンジをして上手くいった例は随時チーム内で共有するようにしましょう。スクリプトにコメントを書き足したり、チャットに投稿したりなど、共有方法も決めておくとログを残すことができます。

ここで注意したいのは、トークスクリプトに補足情報を載せ過ぎてしまうことです。情報過多になってしまうと特に新しいメンバーは何を話せばいいのか迷ってしまい、結果何も伝えることができないという状況に陥ってしまいます。そのため、補足情報はFAQや切り返し集といった別の形で蓄積していく必要が出てきます。トークスクリプトの情報量は調整の上、補足資料を用意しましょう。

ヒアリング項目の過度な作り込みもよくある失敗です。30も40も質問を作ってしまうと一問一答になってしまい、本当の課題やニーズの聞き取りにつながりません。相手も尋問されている気分になり、心象も悪くなってしまいます。何をヒアリングすべきかは商談のトスアップ基準にも関わるので、フィールドセールスとすり合わせをす

図4-03 トークスクリプトのフォーマット

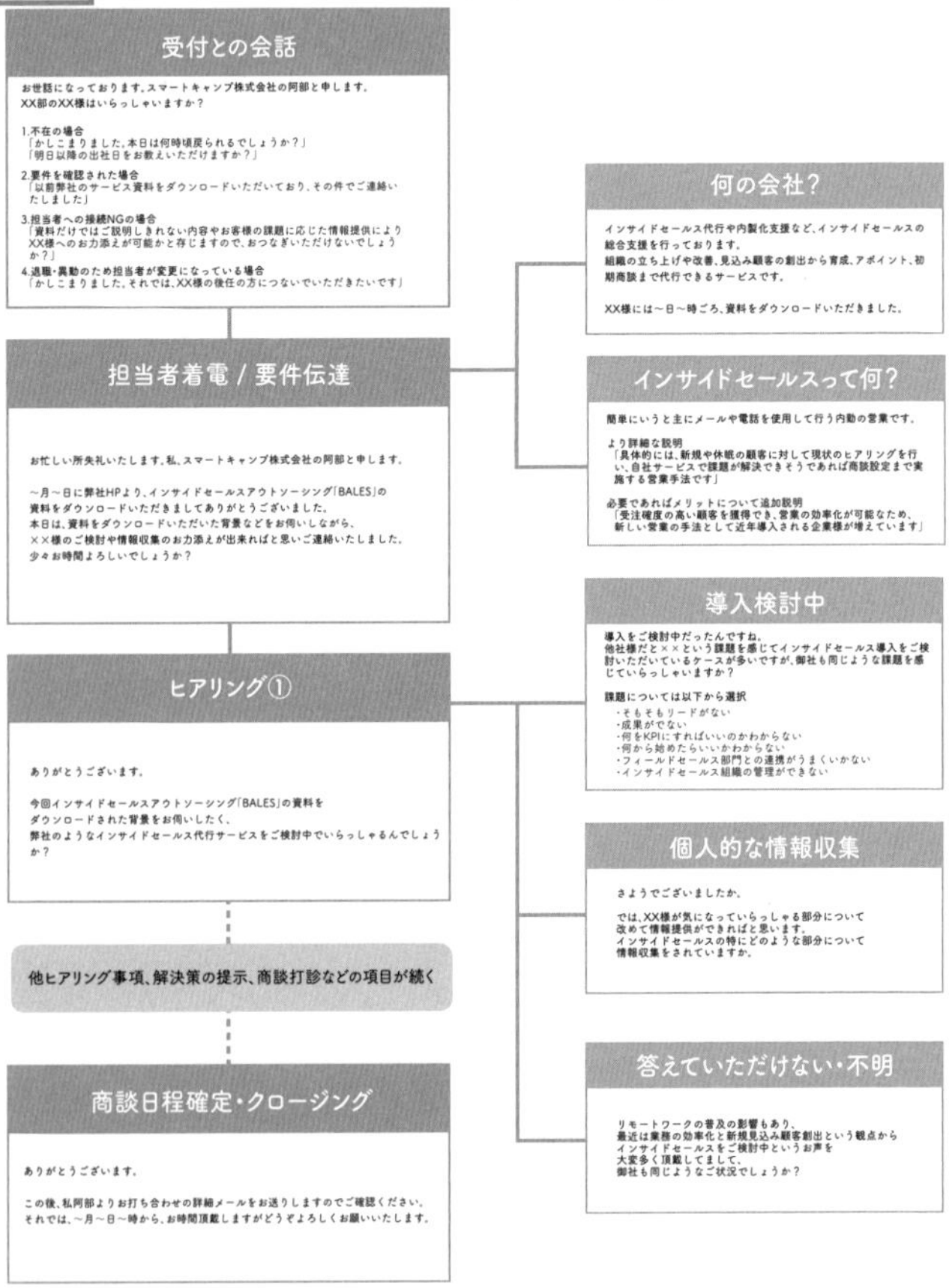
受付との会話
お世話になっております。スマートキャンプ株式会社の阿部と申します。
XX部のXX様はいらっしゃいますか？
1.不在の場合
「かしこまりました。本日は何時頃戻られるでしょうか？」

「明日以降の出社日をお教えいただけますか？」
2.要件を確認された場合
「以前弊社のサービス資料をダウンロードいただいており、その件でご連絡いたしました」
3.担当者への接続NGの場合
「資料だけではご説明しきれない内容やお客様の課題に応じた情報提供によりXX様へのお力添えが可能かと存じますので、おつなぎいただけないでしょうか？」
4.退職・異動のため担当者が変更になっている場合
「かしこまりました。それでは、XX様の後任の方につないでいただきたいです」

担当者着電 / 要件伝達
お忙しい所失礼いたします。私、スマートキャンプ株式会社の阿部と申します。

~月~日に弊社HPより、インサイドセールスアウトソーシング「BALES」の資料をダウンロードいただきましてありがとうございました。

本日は、資料をダウンロードいただいた背景などをお伺いしながら、××様のご検討や情報収集のお力添えが出来ればと思いご連絡いたしました。

少々お時間よろしいでしょうか？

ヒアリング①
ありがとうございます。

今回インサイドセールスアウトソーシング「BALES」の資料をダウンロードされた背景をお伺いしたく、
弊社のようなインサイドセールス代行サービスをご検討中でいらっしゃるんでしょうか？

他ヒアリング事項、解決策の提示、商談打診などの項目が続く
商談日程確定・クロージング
ありがとうございます。

この後、私阿部よりお打ち合わせの詳細メールをお送りしますのでご確認ください。

それでは、~月~日~時から、お時間頂戴しますがどうぞよろしくお願いいたします。

何の会社？

インサイドセールス代行や内製化支援など、インサイドセールスの総合支援を行っております。

組織の立ち上げや改善、見込み顧客の創出から育成、アポイント、初期商談まで代行できるサービスです。

XX様には~日~時ごろ、資料をダウンロードいただきました。

インサイドセールスって何？

簡単にいうと主にメールや電話を使用して行う内勤の営業です。

より詳細な説明
「具体的には、新規や休眠の顧客に対して現状のヒアリングを行い、自社サービスで課題が解決できそうであれば商談設定まで実施する営業手法です」

必要であればメリットについて追加説明
「受注確度の高い顧客を獲得でき、営業の効率化が可能なため、新しい営業の手法として近年導入される企業様が増えています」

導入検討中
導入をご検討中だったんですね。

他社様だと××という課題を感じてインサイドセールス導入をご検討いただいているケースが多いですが、御社も同じような課題を感じていらっしゃいますか？

課題については以下から選択
・そもそもリードがない
・成果がでない
・何をKPIにすればいいのかわからない
・何から始めたらいいかわからない
・フィールドセールス部門との連携がうまくいかない
・インサイドセールス組織の管理ができない
個人的な情報収集
さようでございましたか。
では、XX様が気になっていらっしゃる部分について改めて情報提供ができればと思います。
インサイドセールスの特にどのような部分について情報収集をされていますか。
答えていただけない・不明
リモートワークの普及の影響もあり、
最近は業務の効率化と新規見込み顧客創出という観点からインサイドセールスをご検討中というお声を大変多く頂戴してまして、
御社も同じようなご状況でしょうか？

るのがおすすめです。提案に向けて本当に必要なヒアリング項目だけを残しましょう。

ちなみに「BALES」では右の図のようなトークスクリプトのフォーマットを用意しています。代表電話や部署の番号に掛けたときを想定して、受付との会話、要件伝達、ヒアリング、解決策の提示、クロージングトークという流れが基本です。ヒアリング内容によって提示する解決策を複数パターン用意したり、クロージングトークも商談日程の調整か、追加ヒアリングの実施かなどによって複数パターンに分岐させています。ぜひ参考にしてみてください。

トスアップ基準は入念なすり合わせを

トークスクリプトと並んで議論を呼ぶのは、インサイドセールスからフィールドセールスへのトスアップ基準です。よく基準として設定されるのがいわゆるBANT情報で、導入時期が直近3ヶ月以内かどうか、契約を希望しているアカウント数がどれぐらいかなどです。また、過去の受注企業の特徴に基づいて設定することも有効です。◯◯の課題がある、◯◯のツールを利用しているなど、受注しやすい条件を抽出し、トスアップ基準に入れることで案件化率、受注率を高めることにつながります。

この基準が曖昧だとトスアップの度にフィールドセールスに確認するようになり、行動量が増えない、条件が安定しない、手間が増えて生産性が下がる、そして何よりインサイドセールスとフィールドセールスの間に上下関係が生まれやすくなるといった問題が起こります。また、基準に満たない商談が多いとフィールドセールスがインサイドセールスに不信感を抱いてしまいます。そのため、フィールドセールスと入念にすり合わせを行って、具体的な基準作りを進めるべきです。実際に商談の場に立ち会ってみて、インサイドセールスがヒアリングした情報がどのように活かされているのかを知るのも基準をすり合わせる有効な手段です。

ただし、トスアップ基準を高くして商談の質の追求だけを行うのが正解かというと、それは違います。質と量のバランスは、外部環境やフィールドセールスのリソースに影響されるところがあります。フィールドセールスの工数に余裕があったり、売上目標に対して見込みが足りないときは、顧客接点を増やして受注の可能性を少しでも高めるために基準を緩めてトスアップすることもあります。逆もまた然りで、すでに案件化したものの対応で手いっぱいで、新規商談には手が回らないというときにトスアップしても良い顧客体験は提供できませんので、トスアップ基準を高くして量を抑えたり、そもそもインサイドセールスができる限り細かくヒアリングをしたり一次提案まで行うというのも一つの手です。このように需給調整のバルブになるのも、インサイドセールスの役割なのです。

業務フローはどんどん磨いていくことを前提にする

これまで詳述したトークスクリプトやトスアップ基準をはじめとしたあらゆる業務フローは、より良いものを目指してどんどん磨いていくことを前提として設計、運用することをおすすめします。業務フローに正解はなく、運用している中でもっとこうしたほうがいいという気付きがたくさん出てきます。初めから完璧なフローを組もうとしても難しいですし、完璧を前提とするとフローのアップデートに関するメンバーへの説明コストも上がり変更しづらくなってしまいますので、予め都度変更していくことを共通認識にしておきましょう。

特に業務フローを設計して初めのうちは毎日のようにアップデートしていくことに

なると思います。そして少しずつ洗練されてアップデートの頻度が下がっていき、自社に最適なフローになっていくという変遷をたどるのが一般的です。そのため、最適なフローになるまではチームで業務フローに関する気付きや課題のシェア、改善案をディスカッションするための定例会議を設けるのも良いでしょう。落ち着いてきたら定例会議の頻度を少なくしていき、最終的には定例で行うのを止め、気になったことや問題が発生したタイミングで都度議論する形式にするなど、柔軟に変化させていきましょう。

より良い業務フローにブラッシュアップするためには、オペレーションを設計したマネージャーが現場に入り、業務フローを試してみることも大切です。オペレーションを実際に動かすのは、一人ひとりのメンバーです。マネージャーが中心となって業務フロー設計を進めたとしても、現場に合ったものになっているかは必ず検証しましょう。リストを確認し、見込み顧客に電話をかけ、CRMに入力し、フィールドセールスやマーケティングと連携をとってみる。机上で考えた業務フローには、現場にそぐわない要素があるはずです。こうして課題を抽出し、現場メンバーにもヒアリングを重ねながら改善を図っていくことで、納得感の高い業務フローができあがっていくことでしょう。

なお、改善にあたって気をつけたいのは、全体最適の視点をブラさないことです。インサイドセールスは新しい営業のスタイルですのでトレンドが変わるのが早く、施策に関する情報は探せば山のように出てきます。しかし、全体最適を忘れて点の発想に固執するとタスクだけが増えてしまい、悪影響を与えるといったことにもなりかねません。いろんな情報が得られるようになったのはよいものの、参照先が増えすぎて効率が下がった、ヒューマンエラーが増えたというのでは問題でしょう。一般的には評判がよくても自分たちには合わないというケースもあるはずです。評判を鵜呑みにせず冷静に判断する必要があります。これらの点に注意しながら、自社に最適な業務フローを作っていっていただけたらと思います。

5 ツール活用

ツールを使わないインサイドセールスなどあり得ない

インサイドセールスにおいてツール活用は最重要テーマです。第1章で述べた通り、CRMやMA、CTI、オンライン商談、セールスエンゲージメントなど、デジタルツールの進化があるからこそインサイドセールスの重要性が高まっているという側面もあるからです。

オペレーションの最適化、業務の効率化を図る上で、デジタルツールを使わない手はありません。その理由は明快で、インサイドセールスは電話やメールなどのタスクを大量に実行する業務だからです。仮にメンバー一人あたり、1日あたりの架電数が40件で、1ヶ月当たりの稼働日が20日だとしたら、延べで800件もの見込み顧客とのコミュニケーションが毎月生じています。それがインサイドセールスのメンバーの数あたり、しかも毎月ですので、年あたりで考えたら膨大な数になります。これをアナログな手法で進めていたら、あらゆる部分でロスが生じます。

最も影響が大きいのは顧客情報の管理でしょう。これだけたくさんの見込み顧客と接しますので、ツールを有効活用しなければ顧客情報の記録や参照が難しくなっていきます。また、マネジメント視点では定量的な動きもキャッチアップしておく必要があります。メンバーが毎日どれだけ電話とメールによる行動ができており、そのうち何割が見込み顧客に接続し、有効なヒアリングは何件できたのか。その中でも商談化に至りそうな見込み顧客がどれほど確保できていて、どのくらいの売上につながりそうなのか。これらを集計して可視化するためには、共通のフォーマットに一定の決まりに沿って顧客情報を登録しておく必要があります。

顧客情報の管理をExcelやGoogleスプレッドシートなどの表計算ソフトで行うこともできなくはないですが、あまり現実的な手法ではありません。関数での処理やマクロ作成は一定のスキルを必要としますし、表計算ソフトを使い慣れていない人が勝手にセルの結合や入力形式を変更してシートを自体を壊してしまうなどのトラブルも絶

図4-04 顧客情報管理方法の比較

	Excel・スプレッドシート	CRMなどのツール活用
リード数	**大量のリード管理には不向き** セルを増やせば理論上は何件でも可能だが、データ量の増加に伴い動作が重くなり使い勝手が悪い	**ツール上限まで可能** ツールによるが数万件規模での管理が可能 追加オプションで増枠も対応
数値集計・分析	**難しい** 関数の処理やマクロ作成が求められ一定のスキルが必要	**簡単** コール結果が自動的にツール内に蓄積されるため集計や分析まで容易に実施可能
定性情報の記録	**少量であれば記録可能** 数行でテキストにて記入はできるが 複数回のアプローチ結果を残すことには向かない	**大量に記録可能** 行動履歴を残すための項目が設定されており、アプローチごとに記入できるため多くの定性情報が残せる

えません。また、集計データを使って図表化するにも手間がかかります。100件、200件の顧客管理ならまだしも、インサイドセールスを行う場合、数千件、数万件の顧客情報を扱うことになりますので、入力上のトラブルを一つひとつ潰していくことは不可能に近く、それだけでかなりの労力を浪費することになります。

CRMに代表される営業管理ツールの導入が必須なのはここまでの話からも明白です。所定の形式で顧客情報が蓄積されますし、誰かのアクセスによって簡単にデータが壊れてしまう、消去されてしまうといった心配がありません。また、必要な情報を自動的に集計し、ダッシュボードで可視化することもできます。グラフィックで示したり、即座に前月、前期と比較したりと、直感的に状況をつかむのにも長けています。有効な営業活動を模索するためのデータ分析に欠かせないツールです。

もう一つツール導入を考える切り口は、業務効率化とメンバーの成長支援にあります。サービスの性質や対象顧客により多少の違いはありますが、インサイドセールスがすべき動作は基本的には同じです。それぞれに共通する業務が重なっているがゆえに、業務の自動化、スムーズ化を図るツールは生産性の改善に大きく寄与します。

例えばインサイドセールスでは必須のツールとされるCTIは、PCからWebで電話発信、記録ができるツールです。CRMと連携させることで、画面上の電話番号をワンクリックすれば発信できますのでとてもスムーズになりますし、かけ間違いなどのミスも防げます。さらにCTIの中には通話を自動的に録音し、話すスピードや見込み顧客との会話の往復回数を解析する機能を持つものもあり、コール内容の振り返りや改善に活用することもできます。

ツール導入のベストタイミングはスタート時

ツールはいつから導入すべきか？という質問をよくいただくのですが、導入するのであればスタート時から入れておくのをおすすめします。ツールの重要な目的の一つはデータの蓄積、分析です。ツールを初めから導入していなければ、その期間に接点を持った顧客とどんなやり取りをしたのか参照できなくなってしまいますし、行動量や歩留まりの変化が見れなくなるなど、データを資産として有効活用できなくなってしまいます。

また、組織内にツール活用の文化を築く上でも初期段階で入れるのが鍵になります。例えばExcelやGoogle スプレッドシートで管理すると、必ず個人的にファイルを保存したり、作成するメンバーが出てきます。これが顧客データがまとまらなくなる元凶です。単純にリストを突合するだけで済めばいいですが、後々ＣＲＭに移行するときにデータクレンジングを行う手間が発生します。名寄せに文言の統一、全角・半角の不一致を揃えるなど、着手すると途方もない作業になります。それが何万件とあった場合、あまりの手間にＣＲＭの導入自体を見送ってしまったり、それまでのデータをすべて捨ててしまうということになりかねません。こうした作業にかかる工数を考えると、はじめからＣＲＭを利用したほうが合理的です。

「ＢＡＬＥＳ」ではお客様のインサイドセールスをご支援をする中で、ＣＲＭを使用したことのない企業には導入にあたって入力項目の精査などのサポートも行っていますが、ツールの設計に時間をかけすぎてしまいなかなか進んでいないという企業も多いです。実際に動かしてみると最初に決めた要件では使いづらい、あまり役立たないといったことも起こり得ますので、ガチガチに要件を固めることはおすすめしません。最低限の機能を持たせたら、後は実際に動きながら考えていくというスタンスでツール導入を進めましょう。

インサイドセールスで活用したいツールの種類

インサイドセールスの生産性を高める上で利用したいツールは多岐にわたります。

ここでは主なツールを紹介します。

＊SFA（Sales Force Automation）/ CRM（Customer Relationship Management）

顧客管理、商談管理ができるツールです。日々のインサイドセールスとフィールドセールスのコミュニケーション基盤にもなります。なお、CRMとSFAは一緒に提供されることも多いですが、本質的にはCRMは顧客管理、SFAは商談管理に強いツールですので、顧客管理をしたいのか、商談管理をしたいのかといった目的を持って選ぶとより理想的な管理を実現できます。

＊CTI（Computer Telephony Integration）

Webで電話の発信、記録ができる電話システムです。電話番号の取得も可能です。音声データの蓄積・分析によってインサイドセールスのPDCAを回すことにつながります。

＊MA（Marketing Automation）

LP作成、フォーム作成、シナリオ作成、メール一括配信などができるシステムです。Webデータの行動を追えるため、メールを開封したタイミングやクリックしたタイミングをキャッチでき、インサイドセールスがアプローチする最適なタイミングを図ることが可能です。

＊メール配信

メールの一括配信ができるシステムです。MAツールにもよく機能として搭載されています。メールの一括配信に加え、メールの開封やクリックのトラッキング、またメール配信からクリックまでの歩留まり分析などが可能です。

＊セールスエンゲージメント

CRMやSFA、MAよりもさらに新しい概念で、顧客と最適な関係を構築できるよう顧客属性やリードの獲得経路ごとにアプローチの型を設定し、それに基づいて電話などのアクションの自動生成や担当者への自動割り当て、メールの自動送信などを行うツールです。海外ではすでに一般的になってきており、CRMなど他ツールと組み合わせて利用します。詳細は後述します。

＊ABM（Account Based Marketing）

ターゲットセグメントの分析、ターゲットリストの作成ができるシステムです。BDRでアウトバウンドコールを実施する際に活用するケースが中心です。

＊日程調整

商談などの日程調整のためのツールです。カレンダーと連携させることで候補日時を抽出し、メールなどで日程調整ページのURLを送ることで、見込み顧客から能動的に日程登録してもらえるようになります。

[redacted]

インサイドセールスの新しい武器「セールスエンゲージメントツール」

海外の先進的なインサイドセールス組織がこぞって利用しているのがセールスエンゲージメントツールです。そもそもセールスエンゲージメントとは、営業におけるコミュニケーションを最適化して顧客と深い関係構築を行うという考え方です。電話やメールなどの様々なチャネルを活用した顧客とのコミュニケーションを最適化し、顧客とどのように深い関係を構築するかに重点が置かれています。インサイドセールスのアプローチを型化、自動化し、コミュニケーションの最適化を実現するための武器がセールスエンゲージメントツールで、CRMやSFA、MAなどのツールとも異なります。

インサイドセールスの重要な役割の一つに、リードナーチャリングが挙げられます。リードナーチャリングは見込み顧客のサービスに対する関心や購入意欲を高めていくことで、「サービスの名前を聞いたことがある」「ちょっと興味がある」という段階から、「導入する意味がありそうだ」「試しに使ってみたい」と思ってもらえるような関係づくりを目指します。

リードナーチャリングでは電話やメールなど様々なコミュニケーション手段が考えられますが、例えばメールを一通送るにしても、対象の属性や状況によって送る内容とタイミングは変わります。とは言え、インサイドセールスでは数千件、数万件の見込み顧客にアプローチしていきますので、顧客の状態とアプローチのステータスを人の手で管理するのは無理があります。そこでセールスエンゲージメントツールが役立ちます。

セールスエンゲージメントツールでは、顧客属性やリードの獲得経路、温度感に合わせて予め電話やメールなどのアクションをワークフローとして設計し、自動でメールを送信したり、電話のＴｏＤｏをインサイドセールス担当者に自動で作成して割り当てることができます。インサイドセールスは大量の顧客にアプローチをしていきますので、予めアプローチをパターン化し、パターン通りに自動でアクションが進むようにすることで、アプローチの最適化や抜け漏れの防止、生産性向上につながり、顧客リストから最大の成果を生み出すことが可能です。

図4-05 セールスエンゲージメントのイメージ

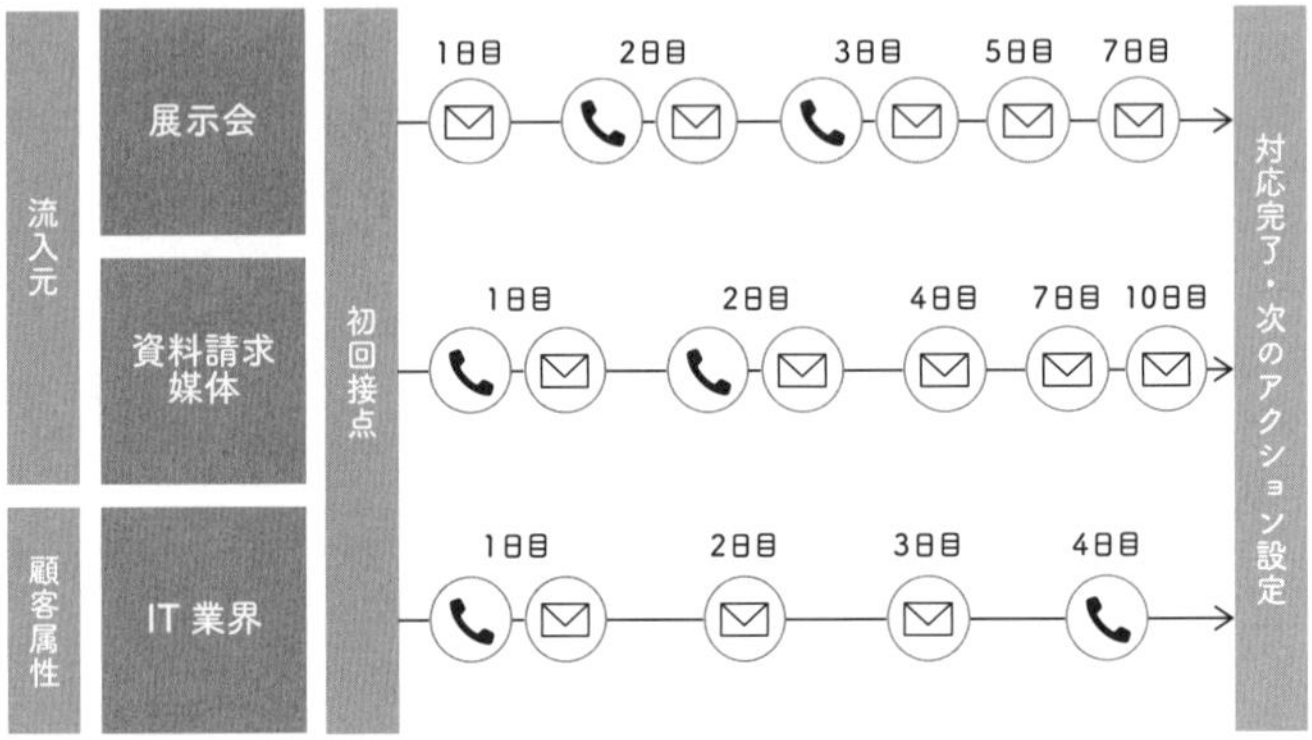
流入元
顧客属性
展示会
資料請求媒体
IT業界
初回接点
1日目
2日目
3日目
5日目
7日目
1日目
2日目
4日目
7日目
10日目
1日目
2日目
3日目
4日目
対応完了・次のアクション設定

ワークフローのイメージとして、例えば初回接点が展示会の場合を考えてみましょう。展示会で接点を持った見込み顧客に対しては1日目に御礼のメールを送信し、2日目に電話でアプローチし、接続しなければ電話したことと再度電話することを記載したメールを送ります。返信がなければ3日目にも再度電話とメールをし、それでも接続できなければ5日目、7日目にフォローのメールを送ります。このような一連の流れをワークフローとして設定しておくことで、電話はToDoとして設定され、メールは自動で送られるようになります。

スマートキャンプが提供している「BALES CLOUD」は、まさにこのセールスエンゲージメントツールにあたります。「BALES CLOUD」はインサイドセールス活動のプラットフォームとなるツールであり、リードリストの管理から電話やメールなどのアクションの実行、ダッシュボードによるデータの可視化、ワークフローの設定などの機能によってインサイドセールスのコミュニケーションの最適化を実現します。

現場の納得感を得ることがツール定着の鍵

ツールを導入することで得られるメリットは明らかですが、一方で現場で実際に活動するインサイドセールスやフィールドセールスからはツールが不評の的になることも少なくありません。よくある原因としては、導入時に現場の同意や理解を得られていないことです。管理者の視点で検討し、実際に入力や操作を行うメンバーの納得度が高まっていないまま導入を進めてしまうケースです。

実はCRMは、現場の反発を招きやすいツールの代表です。インサイドセールスにとっては日々大量のアプローチの記録を残していくことになりますので、CRMが使いづらいと生産性の低下に直結してしまいます。また、フィールドセールスが導入を嫌がるケースも多いです。多数の見込み顧客を抱えるインサイドセールスは自分の頭では見込み顧客を管理しきれないので、日々の入力コストをかけてまでCRMを導入する意義がわかりやすいです。しかし、フィールドセールスはトスアップされた数十件程度の商談管理なら自分の頭でそれなりにこなせてしまいます。きちんと記録に残していつでも振り返ることができる状態にしたほうが今後のためであるというのは明白ですが、日々の営業活動の忙しさから、一時の入力の手間を省くことのほうを現場は優先してしまいがちです。

このようにツール導入を妨げる背景には、操作上のわずらわしさ、あるいはメリットを感じられないといった心理的な抵抗感が作用しています。現場の理解を得るにはそうした負の部分の払拭が大事になってきます。

その対策として、現場の納得感を得やすいものから優先的に取り入れるのは効果的です。「BALES」でインサイドセールスの立ち上げ支援をしてきた経験からお伝えすると、例えばメール配信システムは歓迎されやすい傾向にあります。メールの一斉送信や自動送信など、意外と手間のかかるメール操作を効率化、自動化できるツールは、わかりやすく業務効率化につながりますので好意的に受け入れられます。こうしてツールの有用性を確認できると、他の業務でもツールを取り入れようという良い雰囲気が醸成されていきます。

図4-06 BALES CLOUDのダッシュボード画面

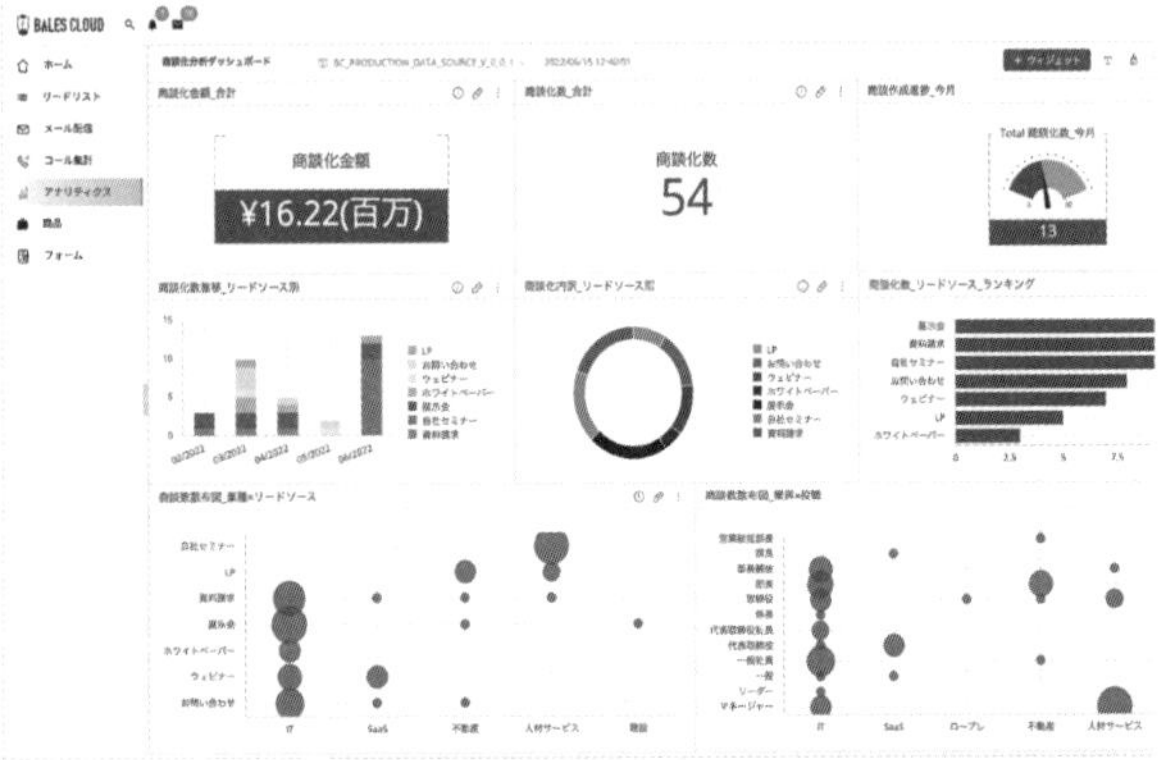

※数字はサンプルです

ツール運用の旗振りを最もそのツールを使う部門に任せるのもひとつの方法です。例えば名刺管理ツールに関しては、展示会やオフラインセミナー、商談など、名刺を獲得する機会自体はマーケティングやフィールドセールスが多いのですが、その名刺を活用して実際にアプローチをするのはインサイドセールスになりますので、インサイドセールスが主体となって取りまとめるというような方法です。

また、実際にツールを最大限活用しているところを見せるのも重要です。例えば部門の定例会議で進捗状況を確認するときに、CRMのダッシュボードを見せながら説明できると良いでしょう。マネージャーが

ＣＲＭのデータに基づいて全体の行動量や売上予測を把握しているとわかれば、組織運営や経営に欠かせないものだとメンバーも理解できるはずです。「入力したところで意味がない」と思わせてしまうのが一番良くありません。目に見える形でツールの有用性を示すことが大切です。

ツールのスペックはチームの成長に適したものを

ツール導入でもう一つ起こりがちなのが、自社の成長段階に見合わないスペックのものを取り入れてしまうことです。例えばＭＡは、ツールの中でも高度な運用を求められるツールです。組織としてＭＡを使いこなせる状態に達するのは望ましいことですが、インサイドセールスを立ち上げたばかりで、知識も経験もない段階から取り入れるのは適切とは言い難いでしょう。インサイドセールスのオペレーションを整える、ＣＲＭを定着させる、リストづくりを進めるなど、やるべきことはたくさんあります。

営業ツールはどんどん進化していますので、こんなこともできる、あんなこともできると話を聞くと、夢のような世界が広がります。とはいえ、多機能だからといって自社が使いこなせるとは限りませんので、チームの成長フェーズに鑑みて最適なツールを選ぶべきです。素晴らしい機能が備わっていても誰も触れないというのでは元も子もありませんし、そもそもその機能を使う段階にまで自社組織が達していないことも考えられます。業務フローの設計と重なりますが、導入の決裁権を持つマネージャーは実際に現場に入ってみて、ツールをどう使うことになるのか解像度を上げて意思決定するようにしましょう。「この機能は本当に現場が必要とするものなのか」「この操作を現場に定着させることができるのか」と、常に問いを立てて検討するのが重要といえます。

組織の状態とツールのスペックの不整合は、コスト面から見ても望ましいとはいえません。高機能のツールの多くは月額利用料が高く、さらに導入のサポートが必要になるケースもあります。事業や組織が拡大しインサイドセールスが担う領域が広がった、マーケティングや営業全体を統括することになったなどがあれば、より専門的で高度なツールも必要になってくることでしょう。そのときに初めてよりハイスペックなプランやツールを検討しても遅くはありません。

ただし、ツール導入の初期段階から注意したいことがあります。それはツールの連携度合いやデータの互換性を確認しておくことです。営業ツールは単体で動かすものは少なく、複数のツールと連動させて使うことが想定されます。例えばＣＲＭに電話番号の情報があればワンクリックするだけでＣＴＩに連携され発信できる、というような使い方です。

また、業務が高度化し、よりプロフェッショナルな機能を持つツールに移管するというときに、これまで蓄積し続けてきた営業データを上手く引き継げなければ大きな損失につながりかねません。社内で使っている他のツールとの相性や、将来性も視野に入れてツール選びを行うことが大切です。

6 ナレッジ共有

日々の活動から得た変化の兆しをシェアし合う

インサイドセールスに組織として取り組み、生産性を最大化していくためには仕組み化、標準化が重要ですが、実務でいつも同じ状況下にあるとは限りません。むしろ、いくらマニュアル化したところで、その通りにならないことがほとんどです。

全体ルールで「AはBのようにする」と決めたとしても、「このときはCを適用するほうが効率的で、トラブルも回避できる」といった場面が必ず起こるはずです。あるいは、アサインされた間もないメンバーが「Dのほうが楽にできそうなのに、なぜBなんだろう？」と疑問に思うこともあるでしょう。そのような場合、Dでは上手くいかなかったという過去の教訓からBという手法が編み出されている場合が多いですが、その背景まではなかなか共有されていないので、結果としてメンバーが

Dの手法を選んでしまい、同じ失敗を繰り返すという事態を招いてしまいます。

また、営業という仕事はある種〝生もの〟のようなところがあります。ある業種の見込み顧客には鉄板のアプローチが別の業種の見込み顧客では通用しない、昨日まで上手くいっていたことが急にそうではなくなっていくということがよくあります。特にインサイドセールスは、潮流の変わりやすいデジタルマーケティングとの関わりが深かったり、日本でまだ目新しいということもあり、変化が頻繁に起こります。電話とメールを主体とする点は同じだったとしても、1年前と今ではその活かし方がまったく違うということがあってもおかしくないのです。

そうした変化の兆しをいち早くキャッチアップして業務フローの改善に取り入れていく姿勢が求められるところですが、その兆しはメンバーそれぞれの日々の活動から読み取ることが重要です。特にインサイドセールスは、毎日顧客に対して多くのアクションを行います。一人ひとりの気づきや学びを集めたら、相当なものになるでしょう。それぞれの体験から得たナレッジを上手に他のメンバーとシェアしあうことが、組織全体の強化につながっていくのです。

暗黙知を拾い上げ組織の学びに昇華する仕組みが必要

ところが、こうした日々の兆しの数々は往々にして口伝えになりがちです。これはインサイドセールスに限った話ではなく、多くの職場で口伝えによって何となく伝わっている重要なこと、いわゆる暗黙知のようなものがたくさん転がっています。

それでも昔の組織では、何とかなっていました。なぜなら、一つの職場で長く働くことも珍しくなかったからです。「あの人に聞けばだいたいわかる」というベテランがたいてい職場に一人はいたものでした。しかし、今は違います。転職が一般的になったことで人の流動性は高くなり、3年で丸々人が入れ替わるという組織も珍しくありません。また、テレワークが浸透し、一つの場所に人が集まって働くことも少なくなりました。口伝えが誰に引き継がれたかわからなくなり、また周りの仕事ぶりから〝見て学ぶ〟機会も格段に減ったのです。

かつてなら何となく上手く回っていた口伝えや暗黙知ですが、働き方や働く場所の状況が変化したため仕組みで拾い上げていく必要があります。何も手を打たなければ、せっかく得たナレッジは消えていき、組織としての学習機会をみすみす逃すことになります。学習しなければ成長につながらないのは、当たり前のことです。

人の流動性が高いと、途中から入ったメンバーがマネージャー職になる場合もあると思います。立ち上げ期からいるわけではないので、組織や仕組みの成り立ちや経緯を把握していません。そのために判断を見誤る、過去と同じ失敗を繰り返す、コミュニケーションのもつれが生じるということが「ＢＡＬＥＳ」でも課題になったことがありました。

今ある施策や制度は何もないところから突然生まれたわけではなく、組織としてのつまずきや衝突、「こうなったらいいな」という理想が背景にあります。そのため、「ＢＡＬＥＳ」ではナレッジ管理ツールを活用してドキュメントとしてまとめており、必要なときにいつでも参照できるようにしています。このように施策や制度の検討の背景や内容を記録し、蓄積しておくことが重要です。暗黙知を形式知として蓄積していくことで強い組織になっていきます。

同期的なコミュニケーションで組織・メンバーの立ち上がりをスムーズに

では具体的に、どのようにナレッジを共有していくのが最適なのでしょうか。ナレッジ共有の方法は、組織のフェーズやアサインされているメンバーのスキルレベルによって適宜変えていくことがおすすめです。

組織がまだ立ち上げ段階だったり、メンバーがインサイドセールス未経験という場合は、まずは同期的なコミュニケーション、つまり会議や電話などのリアルタイムのコミュニケーションを取りながらナレッジ共有を進めていきましょう。テレワークが浸透したため同じ場所で働きながら暗黙知を拾う機会が減ったと述べましたが、この段階ではできるだけリアルタイムで対話できるよう、出社頻度を調整したり、簡単な共有事項であっても短くても良いので会議を実施するべきです。組織自体にナレッジが少なかったりスキルが伴っていないメンバーが多いうちは、対話しながら理解度を高めていく作業が欠かせません。

単にトークスクリプトを少し変更するにしても、テキストで「変更しました」と伝えるだけではその背景が理解できず、上手くトークに活かせない、あるいは従わないといった問題につながってしまいます。短くても良いので時間を取って、「なぜこの話し方に変更したのか」「実践ではこういうふうに伝えるといいかも」と説明するだけでもメンバーの解像度はぐっと上がり、実務に生かせるようになります。

もちろん口頭で伝えるだけでなく、テキストで残すことも忘れずに行ってください。テキストで残すことで、いつでも振り返りができるのはもちろんですが、共通の認識を持てているかどうかの確認が取りやすくなります。口頭でのナレッジ共有をマネージャーから行い、そのメモをメンバーに取ってもらうのも一つのやり方です。メモの内容がシェアしたナレッジと相違なければきちんと理解できていますし、少しずれたものであればナレッジの本質を掴めていないことが読み取れます。

非同期でのシェアによって生産性を高める

組織が拡大して成熟期に入りメンバーの習熟度が上がってきたフェーズでは、ナレッジ共有の方法も変化させる必要があります。非同期的な手法を取り入れることで、効率化を図っていきましょう。口頭でシェアしていた時間をなくしてテキストで完結させる、というのが基本的な非同期でのナレッジ共有です。

テキストで完結、というのが意外と難しいポイントです。なぜなら、メンバーによって記載方法や場所がバラバラになってしまったり、その内容の精度や粒度が違うケースが生まれてしまうからです。そうなるとせっかくのナレッジなのに内容がいまいち伝わらなかったり、誰も見つけられないような場所に格納されてしまったりすることが発生します。テキストでの共有にあたっては、どこで、どのように残すのかを事前に取り決めておきましょう。

その際に活用したいのがやはりデジタルツールです。顧客に関する情報の共有であればＣＲＭのメモ欄やチャット機能に記録したり、業務フローに関するルールは情報共有ツールでシチュエーションごとに分けて管理するなど、対象によってツールを使い分けるのも一つの手です。最適な場所でナレッジが共有されるようになると、情報を探す時間がかからなくなりますし、残っている情報が増えれば増えるほど他のメンバーがナレッジを再共有する手間が省けるようになります。業務効率化の観点でも、非同期でのナレッジ共有は最適化を進めるべきです。

7 他部署連携

行動量の確保から次の段階に進むには

先日、インサイドセールスのコンサルティングの支援のため、ある企業と打ち合わせをしました。その企業はインサイドセールスチームの立ち上げに成功し、行動量の担保までは順調に進んでいました。その上で、次にすべきことは何なのかというのがこの日の相談内容でした。

幸いこの会社ではマーケティング部門にインサイドセールスが所属しているため、マーケティングとインサイドセールスの連携はスムーズにできており、インバウンドによる見込み顧客の獲得自体は順調でした。一方で見込み顧客を獲得した後、顧客の関心を高め、受注につながるような情報提供と購入意欲を喚起するためのナーチャリングを行うためには、セールス活動の量だけでなく質にも注力する必要が出てきていました。インサイドセールスの目線をより上に引き上げる、高度な営業が求められる時期に差し掛かっていました。

前章のKPIの部分で、インサイドセールスの立ち上げ初期は架電数など行動量で測れる指標を置くべきという話をしました。そして、行動が定着し安定して担保できる段階になると、質を問うKPI設定が必要になってきます。架電数から商談数や商談化率へ、さらには受注数や売上へと変化していきます。つまり設けるべき指標が、受注に近づいていくわけです。この流れの中で必要になってくるのが、インサイドセールスと他部署の連携です。

マーケティングとセールスのハブとしての役割

オペレーション設計や行動量の安定化など、インサイドセールスは立ち上がりこそ自分たちの成果を第一に考えて動くべきですが、それだけでは十分とは言えません。ひと通り型ができたところでセールス組織全体のハブとしての役割を担ってこそインサイドセールスの価値が最大になりますので、他部署との連携が求められます。

図4-07 セールス組織のハブとしてのインサイドセールス

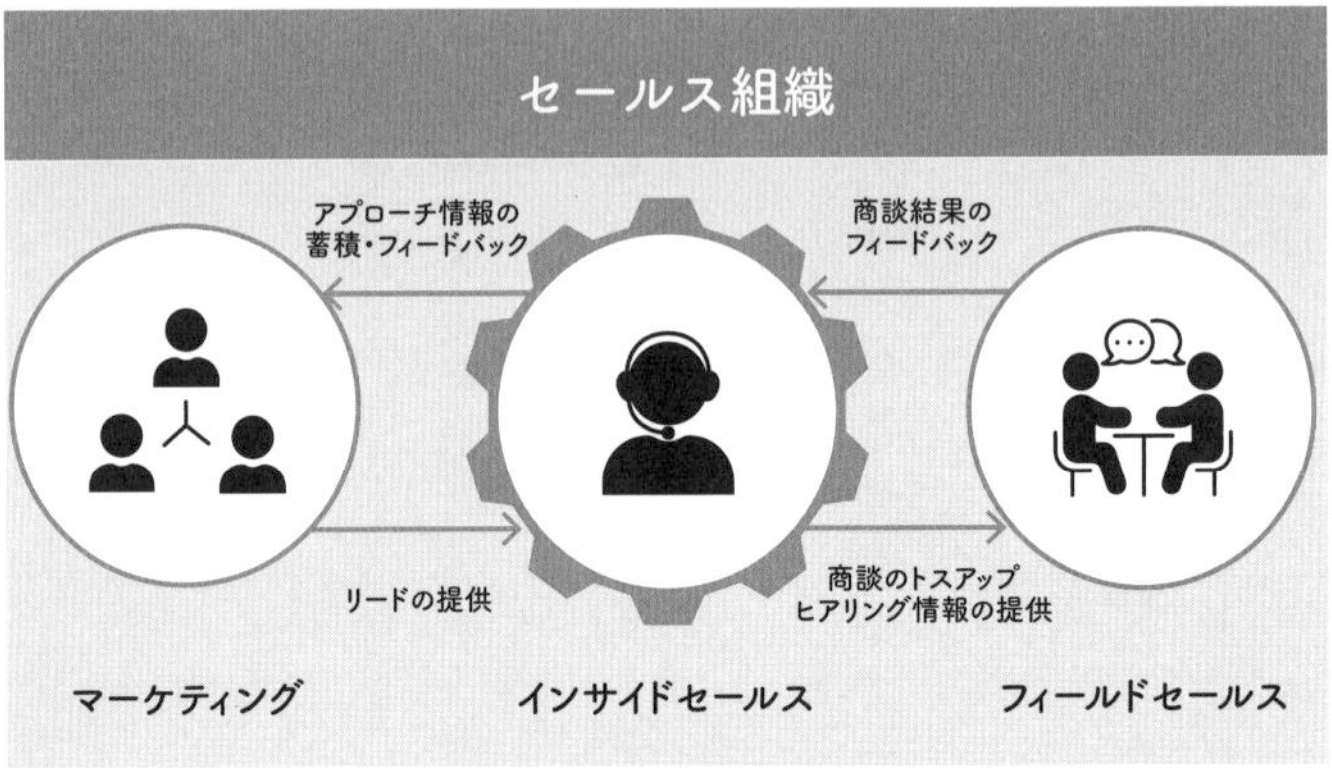
セールス組織
アプローチ情報の
蓄積・フィードバック
商談結果の
フィードバック
リードの提供
商談のトスアップ
ヒアリング情報の提供
マーケティング
インサイドセールス
フィールドセールス

マーケティングやフィールドセールスとの連携や理解を深める手法はいくつか考えられますが、まずはマネージャーやリーダー同士の間で認識を揃えることが先決です。例えば認識合わせの一環として「BALES」のセールスチームではインサイドセールスが中心となって、バリュープロポジションキャンバスを用いてセールスや顧客理解に対する考え方を議論したことがあります。

バリュープロポジション（Value Proposition）とは価値提供のことです。例えばあるサービスの開始当初はフリープランでユーザー数の獲得を重視していたのが、有料プランへの遷移を促し機能の充実を図る戦略に変更したら、バリュープロポジションは変わってくるはずです。自社サービスが、ユーザーに向けてどのような価値を届けられているか、それらはユーザーのニーズを満たすものなのかを考えるのに有用なフレームワークとして、バリュープロポジションキャンバスは知られています。

取り組んでみての結論として、非常に有意義なものでした。特に組織規模が大きくなっているフェーズでしたので、サービスの知名度やチャネルも広がっていますし、働くメンバーも多様化しており、購買体験を通じて届けられる価値の認識に少しずつズレが生じていました。そのタイミングでマーケティング、インサイドセールス、フィールドセールスそれぞれの立場から、顧客が望んでいること、抱えている課題、自分たちが提供すべきものについて意見を交えたことで、全体の方向性を決めることができたのも大きなメリットです。

さらにワークを実施して、それぞれの部門が目指すこと、やるべきことを落とし込み、ネクストアクションの設定まで行ったので、部門間でお互いに納得感があり、双方の達成のために協力しあえる状態が実現できました。

フィールドセールスと対等な関係を築く

前段で話をしたようにKPIが案件化率や受注率などの売上指標に近づいてくると、インサイドセールスが直接コントロールできない要素も増えてきます。案件化率や受注率はフィールドセールスの商談の展開方法やフォローの頻度によって結果も変わってくるでしょう。そうなったときに重要になるのが、インサイドセールスとフィールドセールスの連携です。商談化できた見込み顧客に対し、インサイドセールスがヒアリングした情報を元にサービスにどういう期待をしていて、どのようなアプローチが有効か仮説を立て、それをもとにフィールドセールスが提案を行います。さらに実際はどういう結果を得られたのか、フィールドセールスからフィードバックを受けるというサイクルを回すことで、より戦略的に営業活動を行えるようになります。

インサイドセールスの組織としてフェーズが進めば進むほど、自部署のKPIだけを追うマネジメントは危うくなります。例えばインサイドセールスは商談数だけを、フィールドセールスは受注数だけを追う構図では、部署間で分断を生じさせます。商談数ばかりが気になるインサイドセールスはトスアップ基準が甘くなり、フィールドセールスが対応する商談フェーズで即失注となるケースが増えてしまいます。するとフィールドセールスは、設定していた受注数が満たせなくなり「インサイドセールスが商談化すべきではない見込み顧客ばかりを上げてくる」と不満に感じるでしょう。逆にインサイドセールスは、「自分たちがトスアップした商談に適切に対応できていない、受注が取れないのを自分たちのせいにしている」と、互いの主張が食い違う状況に陥ってしまいます。

これを避けるには、お互いの意見をすり合わせる場の設定が有効です。真っ先にできることとしては、フィードバックの仕組みを作ることでしょう。フィールドセールスからはヒアリング内容のフィードバックを受け、インサイドセールスからは商談のフィードバックをする。そうした関係性を確立することがポイントになります。フィールドセールスからフィードバックがあるばかりでインサイドセールスが発言できない組織の話を時折聞きますが、そういった力関係が生まれてしまうのは不健全な状態です。あくまで対等なポジションとしてお互いのスキルアップが図れるよう、コミュニケーションが取れる環境を整えましょう。

インサイドセールスとフィールドセールスは仮説を共有しあう

インサイドセールスとフィールドセールスの間では、双方向での仮説の共有が重要テーマになります。まずインサイドセールスからフィールドセールスに共有する仮説としては、商談を設定した際に、顧客のどのような課題に対してどのような提案をするのかといった提案仮説になります。これはインサイドセールスがそのまま商談を行い受注獲得をする場合に、顧客が抱えているどの課題に対してどのような切り口で、また必要なサービスの範囲や数を踏まえてどれぐらいの金額で提案するのかといった、まさに受注するための仮説になります。

この提案仮説があるのとないのとで、フィールドセールスの商談前の事前準備の内容もかける時間も大きく変わりますし、結果として案件化率や受注率にも差が出てきます。インサイドセールスの売上貢献を高めていくためにはこの提案仮説の精度が重要になりますので、フィールドセールスが実際に商談した後は提案仮説が正しかったのかという点でフィードバックを得られるようにコミュニケーションを設計しておきましょう。これもインサイドセールスのメンバーがまだ慣れていない場合には同期的に行い、精度が高まってきたら非同期的なコミュニケーションに移行するのがおすすめです。

フィールドセールスからインサイドセールスに共有する仮説としては、一度失注した商談に対する再アプローチの仮説になります。インサイドセールスの重要な機能として、失注した顧客や休眠顧客に対して再度商談化のアプローチをするリサイクルがあります。このリサイクルで安定的に有効商談を創出していくためには、失注商談について正しく把握し、最適なタイミングで再度アプローチしていくことが必要になります。そのため、失注商談に関しては失注理由の記録はもちろんのこと、再アプローチするとしたらいつ、誰に、どういう切り口で行うのかという再アプローチ仮説を設計しておくことが重要になります。

「ＢＡＬＥＳ」では失注時に残すメモのシンプルなフォーマットを用意しています。フィールドセールスが失注をしてＣＲＭに記録する際には、このフォーマットに基づいてメモを残すことを必須にしています。インサイドセールスはメモを見ながら失

図4-08 失注アプローチのフォーマット

失注メモ FMT

① 失注ランク:
② 今回の商談相手(役職):
③ 失注理由(できるだけ具体的に/必要機能も含む):
④ 次回アプローチ先:※あれば理由も
⑤ 次回アプローチシナリオ:
⑥ 断られ方:
⑦ メモ記入日/担当者;

失注ランク

A:検討している&時期を握れている
B:検討している&時期を握れていない
C:提案次第(新機能追加などにより)で検討の余地あり
D:検討の余地なし(追い不要)

注した顧客に対して再アプローチをしていく流れです。また、失注ランクという簡易のランク付けも行っており、このランクによってインサイドセールスがリサイクルアプローチするものとフィールドセールスが自ら再アプローチするものをルール化するなどしています。

マーケティングとインサイドセールスは密接に連携を

ここまでインサイドセールスとフィールドセールスの連携を取り上げましたが、インサイドセールスではマーケティングと協力関係を築くことも重要です。なぜならマーケティングがどのような見込み顧客を獲得したかによって、インサイドセールス時点での相手の反応や、商談獲得につながるかどうかといった結果も変わってくるからです。

一般的に自社ホームページからの問い合わせや、課題が顕在化している場合に検索するキーワードに対して出稿した広告は商談への転換率が高くなるのに対して、外部メディアに掲載したお役立ち資料をダウンロードした人や展示会で名刺交換だけした人からの商談獲得率は低くなる傾向にあります。インサイドセールスが目標としている商談数を達成するためには、そこから逆算して、商談転換率を考えながらマーケティング部門に施策の依頼や改善提案をしていくことが重要になります。

また、マーケティングの視点からも、本来狙うべきターゲットに向けて効果的にメッセージを発信できているか、見込み顧客を獲得できているかという観点でチェックと改善を行うためには、インサイドセールスの視点が欠かせません。実際に顧客と接点を持って様々な情報をヒアリングしているのはインサイドセールスですので、それをCRMに記録してデータ化するのはもちろんですが、定性的にマーケティング部門にフィードバックする場を設けるのも大切です。

「ＢＡＬＥＳ」では連携を強化するために、インサイドセールスとマーケティングで週に1回定例会議を開催しています。事前に議題を持ち寄った上で、週次でリードの数や質の状況確認を行います。数が足りなければそれに伴って獲得商談数に影響が出ている場合がほとんどですので、補填施策としてマーケティングではあれをやろう、インサイドセールスは行動量を増やしてこのリードリストに手をつけよう、などと会話をしています。

数や質の状況を把握するだけなら週次で会議を開くまでもないのではと思われるかもしれませんが、大事なのは結果に対してお互いにネクストアクションを設定しているのか、それは有効なものなのかどうかをすり合わせることです。お互いの改善行動が見えないと、それが不信感につながります。マーケティングとインサイドセールスの仲が悪い、という話は分業体制を取っている企業の中では起こりがちです。各部門の取り組みについては全体会議でも発信していますが、近い部門であればあるほど、より詳細を伝え合うことでお互いが共通の目標達成に向かって正しく動いていることを示すことも必要です。

他部署の業務を体験することの重要性

他部署と円滑に連携する上で、マーケティングやフィールドセールスがどのような役割を担っていて、日ごろどのような業務をしているのか、また今は組織がどういう成長フェーズにあって、何に注力しているのかといったことを、インサイドセールスがあらかじめ把握しておくことは基本中の基本です。これらを踏まえて、ではマーケティングとフィールドセールスに想定以上の成果をあげてもらうためにインサイドセールスからは何ができるのか？を考えていきます。

他部署の仕事への理解度を高めるためには、実際にその仕事に触れてみるのが効果的です。例えばフィールドセールスを理解するための取り組みとして始めやすいものに商談同行があります。インサイドセールスが創出した商談の場で、事前にヒアリングした内容が顧客との信頼構築やサービスの提案に実際に使われる場面に立ち会うことで、インサイドセールスとして顧客からどのようなことがヒアリングできていると受注に結びつくような商談になるのか、改善のヒントが見つかるはずです。

また、マーケティングの仕事を理解するならコンテンツ作りへの参画も有効でしょう。リード獲得につながるコンテンツには、顧客層の潜在ニーズを理解し、インサイトを導く仕掛けが欠かせません。どんな顧客にも通用するキラーコンテンツのようなものは実現し難いですが、セグメント分けした顧客に刺さるコンテンツを作ることは可能です。市場の感覚を熟知していないと難易度は高いですが、オンライン上の動向を緻密に分析しながら企画するマーケターと、顧客の生の声を毎日聞いているインサイドセールスが力を合わせることで実現可能だと思います。

またこれはインサイドセールスに限らずですが、セールスのメンバーがオンボーディングの時期に自社のカスタマーサクセスを体験するのも、大きな学びにつながります。無事に受注し、ユーザーとなる顧客にはどのような特徴があるのか。その顧客像が明確だと、見込み顧客とどのような関係構築を目指せば良いのかがわかりますので、インサイドセールスにアサインされてからの成長がスムーズになります。

コラム

セールステックの歴史

本章ではツール活用について解説しましたが、ここでセールステックの歴史についても触れたいと思います。セールステックの歴史はその時代における購買活動や経営戦略において重要な事柄と連動しています。

セールステックの歴史は大きく4つの時代に分類できます。大きく10年ごとに変化しているように見受けられます。

＊CRMの誕生――1980～1990年代

1980年代に急速な経済発展に伴って、個人の嗜好を大事にする価値観も議論されはじめ、顧客ニーズが多様化し、顧客に購買活動の主導権が移り始めました。販売活動を行う企業もその変化に対応するために、画一的ではなく顧客の属性に合わせてマーケティング活動を展開するOne to Oneマーケティングの概念、営業手法を大事にし始めました。

1980年から1990年代の経営に関わる論文の中で「顧客満足」「マーケティング戦略」「競争優位性」「マーケットセグメンテーション」という

単語が多用されたことからも、当時議論の中心であったことがうかがえます。そして、それらに対応するためのシステムとして1990年代前半にCRMが誕生し、1998年にはアンダーセン・コンサルティング（現・アクセンチュア）が『CRM―顧客はそこにいる』という書籍を出版してCRMの概念を確立させました。

SaaSの誕生／MAの誕生／インバウンドマーケティングの誕生 ―1990年代後半～2000年代

1990年代の後半から2000年代に、セールステックを大きく発展させる出来事がありました。まずは、セールスフォース社が1999年に創業したことで、それまでパッケージ型が主流だった企業向けソフトウェアにおいてクラウドコンピューティング上でCRMを提供し、新時代の幕が開きました。同年にはEloqua（現・Oracle傘下）も創業し、CRMに有望な見込み顧客情報を送ることを目的としてMAツールを提供し始めました。

そしてインターネットの急速な普及を背景として、顧客の購買行動も大きく変化しました。そのような中でHubspotも2006年に創業し、インバウンドマーケティングの思想を提唱。2009年には『Inbound Marketing: Get Found Using Google, Social Media, and Blogs (New Rules Social Media Series)』という書籍を出版し、その思想が広く知られることとなりました。

カスタマーサクセスの確立／セールスエンゲージメントの誕生／アウトバウンドマーケティングの進化――2010年代

2010年代の経営に関わる論文では「顧客体験」という言葉が多用されており、SaaSの普及、売り切りモデルからサブスクリプションモデルへの移行、LTV（顧客生涯価値）の重要性の向上などの背景を受け、販売して終わりではなく継続的にシステムを活用し、業務改善を支援していく「カスタマーサクセス」の概念が注目されることとなりました。

こうした動きを受けて2011年にGainsightが創業し、カスタマーサクセスツールの提供を開始しました。2016年には『カスタマーサクセス―サブスクリプション時代に求められる「顧客の成功」10の原則』という書籍を発刊し、カスタマーサクセスの重要性を説きました。

また、この頃には顧客へのアプローチ方法が多様化したことを背景として、顧客に合わせた最適なコミュニケーションを通して顧客エンゲージメントを高めることの重要性も高まり、2014年にOutreachが創業し、2019年に『Sales Engagement: How The World's Fastest Growing Companies are Modernizing Sales Through Humanization at Scale』という書籍を出版し、「セールスエンゲージメント」という新たなセールステックのカテゴリが生まれました。

他にも2019年に大型買収を経たZoominfoなどの企業情報プラットフォームを利用し、意図データに基づいて見込み度を測るインテントデータや企業やその企業に属する個人情報をもとにアプローチするアウトバウンドマーケティングの進化も加速しました。

セールステックカテゴリの細分化／AI活用—2020年代

そして2020年代に入り、セールステックのカテゴリはさらに細分化し、またChatGPTの登場を背景として本格的にAIを活用する時代になりました。この点は第7章で触れたいと思います。

第5章

インサイドセールスの人材マネジメント［チーム］

チームの設計次第でインサイドセールスの人材は変わる

本章ではインサイドセールスの人材マネジメントの中でも、組織の根幹となる「体制」、メンバーに求められる「スキル」、強いチームとして持つべき「カルチャー」の3つの要素を説明していきます。

インサイドセールス組織の「戦略」と「オペレーション」を設計した後、実際の成果につなげていくのは組織で活躍してくれる人材です。当たり前ですが、戦略やオペレーションを実行してくれる人がいないと成果は出せません。インサイドセールスは営業の一種なので、実際に顧客とコミュニケーションを行う〝人〟が主役の仕事です。人がいなければ体制もできませんし、スキルを可視化することもカルチャーを作ることもできません。

インサイドセールスの立ち上げ責任者はどうするのか、メンバーの採用要件はどう設計するのか、メンバーにどのようなスキルを求めるのか、どのようなカルチャーを作っていくのかなど、組織や人に関する議論は常に絶えません。また、組織は構築して終わりではなく、その先に成果を出し続けることが重要です。仕組みとカルチャーを作り、成果を出し続けられる組織づくりを意識する必要があります。

8 体制

フェーズで異なる体制

インサイドセールスの体制の検討にあたって意識すべきポイントは、フェーズによって大きく異なります。まずインサイドセールスの立ち上げフェーズでは、何もない0の状態から1を作り出す、いわゆる0→1の推進力が求められます。

インサイドセールスの立ち上げはまさに新規事業立ち上げのようなもので、目的や戦略の設計から、実行して成果を作るまでのマルチタスクが求められます。特に立ち上げ初期においてはなかなか成果も出ませんので、暗闇の中を手探りで進んでいくような精神的なタフさも必要です。インサイドセールスの継続判断に向けて、いち早く成果を出すことが求められますし、成果が出ていない時期には進捗や課題、改善案を取りまとめ、周囲を説得することも必要になるでしょう。

図5-01 時間と人数に伴うインサイドセールス体制のフェーズ

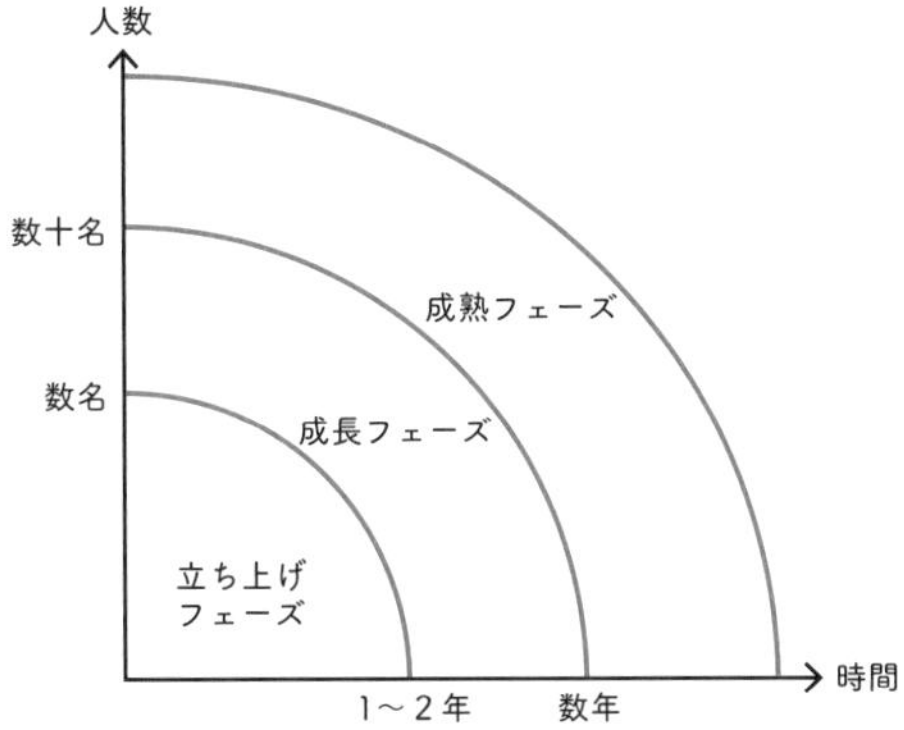

そして無事に成果を残して運用に乗り成長フェーズに移行すると、インサイドセールスに求められる数字も高くなり、それに伴ってメンバーも増えていきます。どんな人を採用して、どのようにオンボーディングをして、どう仕組化していくかがテーマになってきます。事業で言うと1→10のフェーズで、インサイドセールスの組織の規模も数名から、大きな場合には数十名規模にまでなります。このフェーズでは組織拡大の一定の勢いを保ちつつも、組織全体で成果を出せるように仕組みを整備していくことが同時に求められます。

成長フェーズを経て数十名から数百名規

模に大きくなると、組織としては成熟フェーズに移行します。規模としては数名から数十名規模ではあるものの、年数としては一定経っているという場合も成熟フェーズの傾向が見られるようになります。この成熟フェーズではより長期視点で安定的に組織運営していくことが求められるようになります。インサイドセールスは電話やメールを繰り返し行う業務であるという特性上、2〜3年で別の仕事にチャレンジしたい、別の環境で仕事をしたいと考えるようになるメンバーが多く、人の入れ替わりも多い領域です。そのため、長く活躍してもらうために評価制度やキャリア制度を充実させたり、外部のリソースも取り入れるなどして、再現性の高い組織運営を実現することが重要テーマになります。

立ち上げ責任者はどんな人に任せるべきか？

インサイドセールスの立ち上げにあたっては、インサイドセールスをなぜやるのかというパーパスの整理から、どのように成果を出すのかという戦略やオペレーションの設計、そして実際に自分でもインサイドセールスとして電話やメールをしてみて顧客の声を聞いたりＰＤＣＡを回しつつ、メンバーの受け入れや採用、トレーニングも行うなど、立ち上げが成功したと呼べるまでに必要なことをすべて行うことになります。まさに0→1のミッションです。

そのため、0→1を成功に導くために泥臭くやり切ることのできるマインドと、PDCAをスピーディに回すことのできるロジカルシンキングを立ち上げ責任者の要件として考えると良いでしょう。インサイドセールスは取り扱うサービスやターゲットとする市場、もともとある営業組織の体制や風土によって正解が変わってきますので、立ち上げフェーズでは様々な施策を短いスパンでどんどん試していきます。多数の失敗も乗り越えてようやく形になっていくというものですので、マインドとロジカルシンキング両方の強さが求められるのです。

その上で、やはり営業経験があるとベストです。インサイドセールスは営業の仕事の一つですので、フィールドセールスの経験があると強みになります。フィールドセールスとして実際に商談を行い受注してきた経験があると、ヒアリング力や提案力があるのはもちろんのこと、受注につながる商談を作るために必要な勘所もありますので、インサイドセールスの商談の質を考えていく段階でも経験が活きてきます。また、マネジメントや組織設計の経験もあると役に立ちます。インサイドセールスは多数のメンバーを管理していくことになりますのでマネジメント経験が活きますし、インサイドセールスのチームづくりやマーケティングやフィールドセールスなど他部署との連携も求められるため組織設計の力も必要になってきます。

これらの要件を踏まえると、立ち上げ時にアサインすべき人材のパターンは大きく2つが考えられます。一つは新規施策の立ち上げや企画が得意な人材を責任者に置くパターンです。営業経験が少なかったとしてもインサイドセールスの立ち上げの過程で経験を積んでいくことでカバーもできますし、外注パートナーを活用した立ち上げもできますので、企画力を武器に推進することができるでしょう。もう一つのパターンは営業、および営業マネジメントが得意な人材を責任者に任命することです。営業経験がありますので早期に成果も見込めるでしょう。ただし、インサイドセールスを組織として行っていくためには企画や組織化の素養も求められますので、その点も踏まえた人選が求められます。

立ち上げ責任者として比較的若いメンバーをアサインするべきか、熟練のメンバーをアサインするべきかという観点では、どれぐらいの年齢層やスキルレベルで組織を構成していくかやどのようなサービスを取り扱うかなどによります。例えばITのサービスで、ジュニアなメンバーを中心にチームを作っていくのであれば、若いメンバーを責任者に据えてマネージャーとしての育成も兼ねてチャレンジしても良いですし、業界の深い知見が求められる場合には業界経験が長くマネージャーとしても活躍している人材を責任者にすると良いでしょう。

なお、インサイドセールスの立ち上げ責任者は兼任ではなく専任とすることも重要です。インサイドセールスに限らない話ではありますが、より早く、より深くPDCAを回すためには、一つのミッションに集中することが大切だからです。他の仕事と兼務すると想定よりも時間やマインドシェアを割けずに、立ち上げに必要なアクションが劣後してしまいなかなか進まないということがよくあります。また、成果が出なかったときに原因の特定がしづらく、そもそも自社にインサイドセールスが合うのかという検証も正しくできません。そのため、他の業務をできる限り調整した上で責任者として任命するのがおすすめです。

カルチャーフィットする人材を具現化する

インサイドセールスはデジタルツールを駆使する仕事とはいえ、人が主役の領域です。相手のニーズや心情に寄り添い、何が求められているのかを探ることや顧客との信頼関係を築くのは、やはり人あってのことです。そのため、特にインサイドセールス組織を拡大していくフェーズや安定的に運営していく成熟フェーズにおいて、採用活動がインサイドセールスの組織運営における重要なテーマになります。

インサイドセールスに限った話ではありませんが、近年、マーケティングの発想を取り入れた採用活動が注目されています。インサイドセールスのポジションに応募する母集団の量と質を担保するには、そもそもどういう人に来てもらいたいかという応募者のペルソナを設定し、ターゲットに届くメッセージを考えることが重要です。そして説明会やカジュアル面談から、能力検査、面接、職場体験、オファー面談、入社までの最適なプロセスを設計し、その間に通じて発生するメールや面談などのコミュニケーションの端々まで工夫することで、企業理解を深め入社後のミスマッチをなくすと同時に会社やブランドのファンになってもらえるような体験を設計します。このように応募から入社までをマーケティングのファネルのように捉え、求める人材にリーチし、志望度を高めると同時に、応募者、会社間で期待値を適切に調整するという動きです。

中でも採用すべき人材像の具体化は、組織を組み立てる上で重要な視点といえます。個人の持つ資質の集合体が組織の個性になるからです。初めてインサイドセールスを立ち上げる場合、即戦力となり得る経験者は喉から手が出るほど欲しいでしょう。しかし、インサイドセールスの経験があるからといって、自社の環境でその能力を発揮できるとは限りません。インサイドセールスはスキル以上にカルチャーフィットが問われる職種だからです。その理由は、仕事そのものは個別化しやすいけれども、組織的な動きが求められるところにあります。

つまりプレイヤーとしてトップを目指すだけではなく、同僚のスキルアップに協力する、みんなの役に立つと感じた情報は積極的に共有する、誰かの発した声を無視せずレスポンスする、困っている仲間に手を貸して一緒に難局を乗り切るなどといったチーム貢献の視点が欠けていると、孤立したりチームに不協和音をもたらしたりすることが往々に見られます。加えて自分から声を上げる積極性、疑問をそのままにしない探究性、あるいは人によって態度を変えないフェアネスさなど、会社ごとに大切にする価値観があるはずです。また会社が掲げるビジョンへの共感が薄いと、なぜ自分はこの仕事をしているのかと、思い悩んでしまう恐れもあります。

コミュニケーション力とロジカルシンキング力を見る

インサイドセールスに適した資質を一般化するなら、コミュニケーション力とロジカルシンキング力が挙げられます。インサイドセールスは電話やオンライン商談といった非対面による営業で、特に電話の場合、表情や仕草から雰囲気を読み取ることはできませんので、想像力が問われる仕事です。相手の言葉や口調から推し量りながら、課題の特定や仮説の提案などのコミュニケーションをする必要があります。これらの力を測るために、面接は大切な機会です。「BALES」ではこれまでに多数の候補者様と面接をしてきましたので、その中でよく見ているポイントについてシェアできたらと思います。

まずコミュニケーション力は、会話のテンポを見ると良いでしょう。面接官の質問の意図を汲み、スピードに乗って上手く言葉のキャッチボールを繰り返せる人は、インサイドセールスとして電話をしているときにも上手にトークを展開できる傾向にあります。一問一答になってしまう、間の取り方が不自然、的外れな返答になってしまうといった場合には、やはり苦戦してしまう傾向にあります。インサイドセールスは顧客と会話をする仕事なので、会話そのものを楽しめるかどうかは大事なポイントです。また、電話やメールなど非対面のコミュニケーションが中心ではあるものの、表情や雰囲気の明るさ、清潔感も外せない要素です。特に表情などは電話の中でも案外伝わるものです。

ロジカルシンキング力は、過去どのように考え行動し成果を出したかに表れます。そのため、例えば営業職を経験している候補者には、これまでに営業として成果を出すために工夫したことを聞くことが多いです。工夫には客観的な考察と仮説構築のプロセスが欠かせませんので、それを論理立てて説明できると、インサイドセールスに必要なロジカルシンキング力があると言えるでしょう。顧客の課題を特定して、自社のサービスがどう役立つかの仮説を提案する力があれば商談獲得につながりますし、自分たちのインサイドセールス組織の課題を整理して施策立案ができればチームの成果向上にもつながりますので、過去に工夫をして成果を出した経験は非常に重要です。インサイドセールスの仕事は創意工夫の宝庫です。技術も進化し続けていますので、スキルやナレッジのアップデートは欠かせません。常に改善の余地がないか探りながら、工夫を重ねられる人はインサイドセールスとしても活躍するでしょう。

入社後のミスマッチを回避する

インサイドセールスは、新卒や未経験者を積極的に採用する傾向にありますが、これまで体験したことのない初めて就く職業を面接時に具体的にイメージするのはなかなか難しいものです。だからこそ、入社前の認識のすり合わせは丁寧に行う必要があるでしょう。入社後に思っていた仕事や環境と違うと感じてしまうとミスマッチとなり、早期退職につながってしまいます。

ミスマッチを回避するポイントは、インサイドセールスの業務について泥臭い部分もしっかりと伝えることです。優秀な人材を採りたいがあまり「最新の営業モデルを経験できる」「戦略立案のポジションを担える」「デジタルマーケティングを実践できる」「これからの時代に必要なスキルを鍛えられる」など、きらきらした部分ばかりを強調してしまいがちです。これらはインサイドセールスの仕事をする魅力として正しいのですが、インサイドセールスの泥臭さが見えづらい言葉です。実際には見込み顧客のサービスに対する関心や購買意欲を高めることが主な仕事であり、その手法も電話やメールなど細かな業務の連続で、とても泥臭い仕事です。

自社のインサイドセールス組織で働く魅力はパーパスやカルチャーなどの説明を織り交ぜながら面接の中で伝えつつ、採用活動の過程の中で具体的な業務イメージを持てる機会を用意するのがポイントです。実際の業務イメージを持ってもらうために、現場社員とのカジュアル面談や1日職場体験、1日の過ごし方をまとめた動画の紹介など、候補者の理解につながるプログラムを設けることがおすすめです。

このように言うと、インサイドセールスはやはり経験者を優遇したほうが良いのではと感じる人もいるかもしれませんが、意外とそうでもありません。なぜなら、前職のやり方が定着し過ぎていわゆるアンラーニングができずに苦労する人も少なくないからです。「前の職場ではこうでした」という話が参考になる場合もありますが、自社の進め方を拒む、新しいやり方を受け入れないというのでは、成果や成長にはつながりません。

入社後のミスマッチを防ぐためには、入社直後に定着に向けたオンボーディング（サポート）を行うこともとても重要です。どんなに経験豊富で優秀な人でも、オンボーディング無しでは力を発揮できるようになるまで時間がかかります。また、未経験者についても最短の成長ルートをたどることで、いち早くトッププレイヤーに近づけます。途中から入るメンバーともともといるメンバーの間では、どうしても情報の非対称性が生まれたり、組織との距離感の違いも生じていますので、そのギャップをいつまでも埋められずにいると新しいメンバーのオーナーシップも醸成できません。オンボーディングプログラムを用意して、集中的に情報のインプットとオペレーションの習得を促すことで早期戦力化を図りましょう。

中長期で持続可能性の高い組織づくりをする

インサイドセールスは営業の仕事で、成果を出し続けるためには電話やメールのアプローチの時間をしっかりと確保し、行動し続ける泥臭さが求められますので、自分には合わない、続けられないと感じてしまう人も多く、比較的人の流動性が高くなります。そのため、インサイドセールスはできる限り属人性をなくしていく必要があり、その上で活躍する人材を継続的に確保できる仕組みを確立することも求められます。

人材を安定的に確保する方向性としては大きく二つあります。一つは、インサイドセールスメンバーが一定期間で入れ替わることを前提として組織設計をしておくことです。例えばインサイドセールスを営業の入口として位置づけて、新卒や中途未経験者は基本的にインサイドセールスとして採用し、2～3年の期間を経たらフィールドセールスやマーケティングなど別の部門に異動するという仕組みです。比較的若いメンバーを中心に構成していく場合には、今は転職も当たり前の時代になりましたので、ある程度の期間在籍したら異動させていく前提で考えると良いでしょう。

もう一つは逆のアプローチで、インサイドセールスを長く働く部門として位置づけて、プロフェッショナル志向の高いメンバーを採用していくことです。海外ではインサイドセールスのエキスパートというキャリアも当たり前になってきており、今後日本でも増えていくと考えられます。そのような人材に選ばれる組織にするために、カルチャーや条件面も含めて魅力的な環境を用意することが重要です。今ではフィールドセールスとインサイドセールスを両方経験した上でインサイドセールスのほうが自分に合っていると感じる人も増えてきていますので、採用時点で両方の経験をしていることを基準にするとミスマッチなく長期間活躍し続けてくれる可能性が高まるでしょう。

アウトソーシングを活用する

インサイドセールスの組織運営においては、アウトソーシングの活用もポイントになります。インサイドセールスのプロフェッショナルであり、かつ流動性の高いインサイドセールス人材の安定確保をビジネスとして行っているのがアウトソーシング会社ですので、インサイドセールスの立ち上げや拡大にあたって心強いパートナーになります。

アウトソーシングの活用は大きく2つの切り口で考えることができます。一つは、ノウハウの獲得です。アウトソーシング会社は多数のインサイドセールス組織の立ち上げや拡大をサポートしてきた実績がありますので、その経験から成功するためのポイントや失敗につながる落とし穴をノウハウとして蓄積しています。そのノウハウをシェアしてもらうことで、施策の企画や実行のスピードが上がり、成功の確率を高めることが可能です。

特に立ち上げ時にアウトソーシング会社を活用し、トークスクリプトやFAQなど、インサイドセールスの型となるマニュアルの作成を依頼できると大きなショートカットになります。アウトソーシング会社は業界や特徴が異なる企業においても安定的に成果を出すことができる仕組みづくりのプロフェッショナルですので、基本となるトークスクリプトやFAQを持っています。実際に「BALES」では支援をさせていただく場合、基本の型をベースに顧客に合わせてカスタマイズして納品しており、喜んでいただけることが多いです。

そしてもう一つの切り口は、人的リソースの確保です。インサイドセールスの立ち上げ時にはマネージャーとメンバーを0↓1の素養を含めて確保する必要があり、また上手くいかなかった場合にはメンバーの増減や入れ替えも発生する可能性があります。そのため、アウトソーシング会社に立ち上げそのものを委託して立ち上げに慣れたマネージャーとメンバーで構成されたチームを確保できれば、内部のリソース調整も不要で、失敗時のリスクも回避でき、もちろん立ち上げの成功率やスピードを高めることもできます。

これまで述べてきたようにインサイドセールスは人の流動性の高い職種ですので、特に成長フェーズ、成熟フェーズにおいては内部と外部のハイブリッドでリソースを確保できるようにしておくことで組織運営を安定化させることができます。採用が追いつかない場合や急遽離職が発生した場合でも、ハイブリッド組織になっていればアウトソーシング会社のリソースを増やすことで計画通りにＫＰＩを進捗させることができるでしょう。

アウトソーシングはパートナーとして捉える

日本でもアウトソーシングや業務委託の活用が広がってきましたが、まだまだ自前主義が根強く残っている側面もあります。オリジナルでチームを立ち上げ、試行錯誤を繰り返しながら自社に見合うやり方を確立し、仲間を増やしていく。このように自分たち自身でトライアンドエラーをして得られる学びや気づきは多く、会社にとっても大きな財産になります。

しかし、インサイドセールスの立ち上げはある程度時間とノウハウを必要とします。例えば3ヶ月で成果を出そうと考えていた場合、ノウハウがない中でトライしても〝それっぽい形を作る〟ことが限界で、成果を最大化する仕組みの定着や改善には至りにくいです。また、インサイドセールスの採用環境や流動性を考えると、安定的にリソースを確保できる仕組みも用意しておくべきです。

このことを踏まえると、ノウハウもリソースもすべてを内製で賄うのは実はリスクの高い判断ともいえます。方針や注力することを決めても、それが正しいのか、どういう状態になれば成功といえるのかわかる人がおらず、結局チームとして機能するまでに何年もかかってしまう、あるいはいつまで経っても介在価値が高まらず、インサイドセールス自体を取りやめてしまうといったことが起こりかねません。また、高い数字の達成を目指していた矢先に離職が発生してしまって達成困難になってしまうというリスクもあります。

こうした大きな失敗を回避し、インサイドセールスをできるだけ早く安定的に戦力化するために外部の力を借りるのは、有用な選択だといえます。アウトソーシングは費用もかかるので、コスト面の負担が大きく感じるかもしれません。けれども上手に活用できれば、組織の成長速度と安定性は格段に高まります。設備投資の一環と捉えれば、決して高い買い物ではないはずです。

そして、何より重要なのはインサイドセールスのアウトソーシングをお願いする企業とパートナーとしての関係性を築くことです。インサイドセールス組織を軌道に乗せるには、課題を見出し、最適解を考え、試して改善するというプロセスが欠かせません。この過程は組織における学びそのものであり、パートナーと共に作り上げるという姿勢なしに収穫は望めないでしょう。大切なチームの一員として、インタラクティブなコミュニケーションを意識することが重要です。

9 スキル

幅広いスキルを必要とするインサイドセールスの実務

面接で見るべきポイントとして「コミュニケーション力」と「ロジカルシンキング力」の2つを挙げましたが、インサイドセールス実務を紐解いていくと求められるスキルはさらに細かくできます。

図5－02の通り、インサイドセールスの中でも電話によるアプローチに関連するスキルは、事前準備の段階で顧客や顧客のサービスを理解する力や提案仮説を考える力、実際のトークの段階でヒアリング力や言語化、伝達する力、そして事後処理の段階でいわゆるアフターコールワークと呼ばれる顧客管理システムへの入力業務や顧客へのフォローメールなど、多岐にわたります。それぞれ簡単に説明していきます。

図5-02 インサイドセールスに必要なスキル

フェーズ	フェーズ	要素	SDR	BDR
事前準備	顧客・サービス理解力	静的情報	インターネット情報（IR情報・有価証券報告書・成功事例）	
		動的情報	現地観察・関係者とのコミュニケーション・商材体験	
	仮説構築力	提案内容	情報の範囲：絞る・具体性：高い	情報の範囲：広い・具体性・低い
トーク	ヒアリング力	話法	SPIN 話法（現状・課題・示唆・解決）	
		質問	クローズドクエスチョン ＋積極的なリーディング	オープンクエスチョン ＋積極的なリーディング
		事例	数字型（ロジック型）	ストーリー型（感情型）
	言語化・伝達力	傾聴	バックトラッキング・自信・間・枕詞	
		言葉	フィラー言葉の数・指示語の数	
		話量	自分と相手との会話量の適正値 ＝ ●：●	
		話速	相手の話速と同じペースで会話（基準値：300文字／1分間）	
		要約	課題や状況の整理・必要十分な情報の入力など	
事後処理	アフターコールワーク力（ACW）	速度	定型文の辞書登録・タイピング速度など	
		メール	タイトルの簡素化・見やすさ・わかりやすさ	

顧客・サービス理解力

顧客や顧客のサービスの情報を正確かつ効率的に収集し、理解するスキルを指します。情報は、静的情報、動的情報の2つに分けられます。静的情報はIR情報や有価証券報告書などの企業情報、キーマンのインタビュー記事など、インターネット上で収集できる情報のことです。動的情報は現地への訪問や関係各所とのコミュニケーション、サービスの体験など、能動的に取得する必要があるものです。この2つの情報の中で顧客やサービスを理解するために限られた時間の中で重要なものを取捨選択して集めるスキルがインサイドセールスに求められます。

仮説構築力

相手の状況に合わせた提案仮説を構築するスキル、また実際にトークの中で顧客に提案するスキルを指します。顧客が置かれた市場動向や役職、組織状況に応じた課題まで、より限定、具体化された提案内容の仮説を構築できると、それを顧客に提案した際の効果は高くなります。またなぜこのスキルが重要なのかというと、顧客に自社サービスの魅力を伝えるだけでなく、顧客の本質的な課題を引き出すヒアリングを行うためにも、鋭い提案仮説が有効になるからです。仮説を構築しながら会話を進めることである程度当たりをつけながら話すことができ、相手の反応を見ながらスムーズに会話を展開することが可能になります。

ヒアリング力

顧客の本質的な課題を引き出すために欠かせないスキルの一つです。ヒアリング力は話法・質問・事例の三つに分類されます。話法についてはＳＰＩＮ話法を体得することがおすすめです。クローズドクエスチョン・オープンクエスチョンなどの質問を効果的に交え、事例を話す際もデータを伴ったロジック型と顧客の感情に語りかけるストーリー型の二つを使い分けられるようになるとベストです。

言語化・伝達力

顧客との関係構築をするために必須なのが言語化・伝達力です。相手と気持ちのいいコミュニケーションを取れるかどうかはインサイドセールスとして非常に重要です。バックトラッキング（認識合わせのために相手の言葉を要約して繰り返すこと）やフィラー言葉（あー、えーなどの言葉）の数などを意識して、傾聴・言葉・話量・話速・要約の5つのポイントを押さえ、相手に好感を与えるトークを身につけましょう。

アフターコールワーク力

商談獲得や架電後に発生するアフターコールワークを効率的に実行するスキルを指します。例えば見込み顧客からのヒアリング結果やフィールドセールスへの伝達事項などのCRMへの記録や、資料送付や問い合わせに対する詳しい回答の作成などヒアリング時に顧客と約束したことを実行します。組織で共通したやり方はあれど、それをどう自分に落とし込み、より効率的に進められるか考え実行する力が求められます。

アフターコールワークに関して補足すると、電話後に求められるCRMへの入力やメールなどの業務をコンパクトに、かつ漏れなく進めることは生産性に直結しますので、アプローチの数も求められるインサイドセールスではとても重要なスキルです。アフターコールワークに費やした時間の分だけ他の見込み顧客にアプローチできる時間が奪われてしまい、行動量が減ることで当然ながら商談化や受注のチャンスも逃してしまいます。アフターコールワークを、例えばテンプレートを用意しておくなどしてできる限りスピーディに行い、かつ重要なフォローメールには時間を費やすなど、緩急をつけながら行うことが求められます。

優秀なインサイドセールスは、顧客とコミュニケーションをしながらCRMにどんどん情報を入力し、メールの文面も完成させて、電話が終了してすぐに送信します。後に仕事を残さないので、次のヒアリングにすぐに移れます。また、文面のひな形やパソコンの辞書登録機能なども上手に活用しており、効率よくこなせるように仕込みにも余念がありません。これらを一人ひとりのプレイヤーが身につけていくことで、組織としての生産性は飛躍的に向上していきます。

また、すべてのフェーズで共通するデジタルツールを有効活用するスキルも求められます。事前準備の段階では法人データベースやABMのツールを有効活用すれば最短でリッチな情報収集ができますし、CTIのツールを活用して通話内容を録音しておくことで後で振り返りができ、トークの改善につなげることができます。また、録音データの文字起こしによって電話後の入力業務をショートカットすることもできるでしょう。「BALES CLOUD」のようなセールスエンゲージメントツールを活用すればメールを自動で送信したり、テンプレートをもとに少しだけ調整して送信するなどができるようになります。このようにインサイドセールスではデジタルツールを使いこなしてアプローチの質と量を高めていく力が求められるのです。

メンバーの納得感を担保するスキル計測の仕方を考える

スキルの標準化は、自社のインサイドセールスにおける「技術の望ましい使い方」を明らかにするものです。そしてスキルの熟達には段階があります。業務に求められるスキルの種類とスキル熟達の程度の両軸で、考えていく必要があります。同時に標準化が示すのは、スキルのものさしのようなものです。プレイヤーのスキルは、標準化の際に定めたものさしと照らし合わせて測るのが望ましいでしょう。

しかし、いくらものさしがあっても、個人のスキルを測るのは容易なことではありません。営業の成果は周囲の環境によって左右される側面もあるからです。たまたまニーズが急増しているタイミングと重なったという場合、100m走でいえば追い風が吹いていた状態と同じです。もちろんプレイヤー本人の実力があって商談獲得につながってはいるのですが、スキルが影響した割合は相対的に下がるはずです。実務だけでスキルを計測しようとすると、見立てが甘くなったり主観的な判断に左右されてしまったりしがちです。これでは正しく把握することができません。

確かさに欠けたスキル計測は、組織全体の力量を見誤ってしまう点で問題ですが、プレイヤーのモチベーションを低下させる要因にもなります。スキル評価は昇進や報酬にも影響するものです。自分の力をしっかり見ようとしない組織や、実力の伴っていないリーダーのもとでは、働く気が失せてしまうでしょう。メンバーに納得感をもたらす上でも、スキル把握の正しさは重要といえます。

「BALES」ではスキルを計測、可視化するために、例えば新しいメンバーや経験の浅いメンバーに関してはトークスキルのチェックシステムを導入しています。ヒアリング力、言語化、伝達力を定量的、定性的にカテゴライズしたものにポイントを付けていくというやり方です。定量項目はトークスピード、会話のページングなどCTI上で数値確認できるもの、定性項目はオープニング・トーク全般・質問・回答・話法・クロージングで構成されています。

ー 定量項目

トークスピード

相手に合わせたスピードで会話できているかを測る項目です。トークスピードは早ければいい、遅ければいいという話ではなく、相手と同じスピードというのがポイントです。早口で話す方でしたらスピードを早め、ゆっくり話す方でしたらこちらもゆっくり話します。

会話時間

トータルの会話時間が適切かどうかを測る項目です。トークスピードと同様に相手に合わせた会話時間がポイントです。相手が情報提供を積極的にしてくれる方だった場合にはある程度時間をいただいてもいいですし、端的に済ませたい方でしたらこちらもクイックに会話することを意識しなければなりません。また、会話時間は長すぎるのも適切ではありません。会話時間が長くなるとその分行動量が落ちてしまいますので、1回の電話でヒアリングや提案にかける時間を○分以内と定めて、その中でパフォーマンスの最大化を追求すべきです。

会話の間

相手の会話の間に合わせて会話できているかを測る項目です。こちらもトークスピード・会話時間と同様にいかに相手に合わせるかが重要で、会話の間が長めの方、短い方、様々なタイプの方がいます。じっくり考えながら間を取って話す方には早急に言葉を投げかけないなど、配慮をしながら対話できているかを意識します。

― 定性項目

オープニング

挨拶や名のりなど適切な手順で会話を開始できたかどうか、相手に連絡をした趣旨を事前に説明できているかなど、相手とのファーストコンタクトとして適切だったかどうかを判断します。「今2、3分お時間いただけますでしょうか」「お忙しければ夕方5時に改めますがいかがでしょうか」など相手の声色に合わせてさっと差し込めるようになると、トークの入り口で不快感を持たれることはなくなると思います。

トーク全般

顧客との会話についてのポイントを項目化しています。細かいですがこういった初歩的な部分を押さえられていないと、顧客からの信頼は得られません。以下に項目例を挙げます。

・正しい敬語表現
・法人向けまくら言葉の使用
・相槌・共感言葉の発言タイミング
・復唱確認の正確さ
・相手の理解度に合わせたサービス説明

質問

相手の発言に対して時にバックトラッキングや要約を交えながら、状況・課題の認識齟齬が生まれないように適切な質問を投げかけられているかを判断する項目です。また、質問するスキルを上げていくためには、顧客が既に教えてくれたことを言葉を変えて再度質問してしまっていないか？　など、自身の理解力・認識力も強化していく必要があります。

回答

相手からの質問に対して端的かつ要点を押さえた回答はもちろんのこと、相手の興味・関心レベルを引き上げるような伝え方ができているか、またはプラスの感情がうかがえる言葉を引き出せているか、を判断する項目です。「へぇ！」「そうなんだ！」「いいね！」「え、そんなことできるんですね」このような言葉が相手から返ってきたら、伝えるべきことを適切な形で回答できている証拠です。

話法

SPIN話法を活用できているかを測る項目です。状況質問、問題質問、示唆質問、解決質問をヒアリングできた内容に合わせて適切に投げかけていくことを意識してもらいます。SPIN話法に関しては、各質問ごとの例文を事前に用意しておくことも必要です。特に示唆質問と解決質問については最初はイメージしづらいメンバーが多いです。SPIN話法をベースにしたロールプレイング会などを実施してみることもおすすめです。

クロージング

ヒアリングのまとめとして、ネクストアクションの合意やアポイント打診が適切に行えているか測る項目です。単にアポイントを打診して終わるのではなく、時間をもらえるのであれば決裁者の同席依頼、当日聞きたいことのすり合わせをする必要があります。またアポイントの許諾をもらえなくても、その理由の確認やどのくらいの時期であれば検討可能性がありそうかの深掘りなど、ネクストアクションを決めるためのヒアリングをしましょう。

図5-03 SPIN話法に基づき、目的に応じて質問を使い分ける

Situation 状況質問	現在の見込み顧客の状況を把握する	御社はどのようなシステムを導入していますか？
Problem 問題質問	見込み顧客の抱える不満・不安・非効率を把握する ニーズの顕在化・興味喚起につながる重要なフェーズ	その状況が続くと、どのような影響が出るでしょうか？
Implication 示唆質問	見込み顧客の抱える問題の影響・結果を明らかにする	× のご相談をよくいただくのですが、御社ではいかがですか？
Need Payoff 解決質問	見込み顧客に解決策の価値や重要性を認識してもらう サービスで解決できる利益を伝える	その問題がクリアされたらどんなメリットがあるでしょうか？

各項目で○であれば4ポイント、△だと2ポイント、×だと0ポイント、というようにポイントを付けることで総合点を計測し、各々のスキルを可視化しています。こうした目に見える数値や基準がないと、メンバーごとにバラついた評価を付けてしまう事態につながりかねないですし、フィードバックをもらうメンバーとしても納得感がありません。「総合点が○点で、ここは高得点だから引き続き意識的に実行していくとして、ポイントの低い××の項目を伸ばすためにこうしましょう」というフィードバックは、直すべきポイントが明確でメンバーも取り組みやすくなります。

スキルを計測し把握することは重要です

が、これで終わりではありません。むしろスキルを把握してからが始まりです。全員のスキルレベルがハイレベルで一致することはなく、すべてのスキルが完璧なこともありません。また、スキルを一定標準化した後も、全体のスキルレベルのさらなる引き上げも重要です。組織として、個人として、常にどうスキルアップをするかを考えましょう。

10 カルチャー

インサイドセールス組織はカルチャーで変わる

インサイドセールスは、新しい営業手法のため考え方や施策、ツールなどもどんどんアップデートされますし、セールス組織全体のハブとなる機能ですのでマーケティングやフィールドセールスの状況に合わせてＫＰＩや行動を調整することも多く、とても変化の多い領域です。そのため組織として柔軟に変化していくことが大切になりますが、成果を出し続ける組織になるために変わらずに持つべきものもあります。それがインサイドセールスがどういう行動をすべきなのか、どういう価値観を持つのが良いのかというカルチャーです。このカルチャーが言語化され浸透していれば、施策や組織の改善が自発的に進みますし、顧客に対してもより良い体験を提供できるようになり、結果として高い成果につながります。

例えばインサイドセールスが取るべき行動として「チームに成功事例を共有する」ことがあり、そのカルチャーが組織に浸透していたとします。すると通常は営業に属人的に蓄積してしまいがちなノウハウが自然とチーム全体にシェアされることになり、属人的にではなく組織的にノウハウを貯めていくことができるようになるでしょう。

また、カルチャーは自分たちの動きだけではなく、顧客の印象も変えることができます。なぜなら、顧客と最初に接点を持つのがインサイドセールスであり、会社の顔になるからです。例えば「顧客に対して1つでも情報を提供する」というGiveのカルチャーが浸透していたとします。インサイドセールス全員が商談につながらなかったとしても情報提供を行い、Giveができている状態です。すると「今は時期としては違うが、少し電話で話しただけで有益な時間になった」という顧客体験を提供することができ、再度検討時期がきたときに自社のサービスを検討候補に入れてもらえる可能性が高くなるでしょう。これを1人だけが意識できていた場合とカルチャーとしてチーム全員が体現できた場合で比べるとチームメンバーの数だけ良い顧客体験を届けることが可能となり、成果もそれだけ倍増するはずです。

パーパスに紐づいたカルチャー作りを

ではどのようにカルチャーを作っていくのでしょうか。まず重要なポイントになるのが、組織全体の「目的・ビジョン」であるパーパスに基づいて作ることです。パーパスに基づいていないとインサイドセールスの存在意義と日々の業務の実態に矛盾が発生してしまいます。そして組織が成長して人が増えていくとその傾向は顕著になり、それぞれの向いている方向が揃っていないと気がついたときには組織がバラバラになってしまいます。

ここでふと「パーパスとカルチャーは何が違うの？」と思った方もいらっしゃるのではないでしょうか。確かに似ているように感じますが、この二つは似て非なるものです。繰り返しになりますがパーパスは「目的・ビジョン」であり、カルチャーはこの目的・ビジョンを実現するための組織文化にあたります。パーパスに沿った組織を形作るために、どんな体制であれば動きやすいのか、マネジメント層からメンバー層へどういうコミュニケーションが適切なのか、メンバーからどんなアウトプットが出てくれば組織にパーパスが根付いていると言えるのか、まずは徹底的に考えましょう。

そして、カルチャーを作る際には、経営層やマネジメント層がトップダウンで考えるだけでなく、メンバーが主体となってボトムアップで考えていくプロセスを設けることも重要です。どういう文化にしたいかを考えるときは、マネジメントが自分はこういう組織にしたいと考えるのがほとんどだと思いますが、検討プロセスからメンバーも関わることができれば一人ひとりがカルチャーを自分事として捉え、体現していけるようになります。メンバーにアイディアを求めることで、より良い意見が出てきたり、新しい発見もあるでしょう。

数字にこだわるカルチャーを作る

カルチャーを作ると言うと、日々の行動の指針やコミュニケーションに関する定義を思い浮かべると思います。それらはもちろん作るのですが、インサイドセールスの組織として一つ共通して重要なカルチャーが「数字として結果を出す」ことです。インサイドセールスは営業の組織ですので最終的には売上という数字を作ることが重要であり、いくら雰囲気良く働いていて楽しい組織でも数字が出ていなければ意味がありません。インサイドセールスチームとして掲げている目標やＫＰＩは必ず達成するという必達のカルチャーを作るようにしましょう。

必達のカルチャーを作るために重要なポイントとしては、達成を当たり前にすることです。そのためには良い目標設定と、未達に対するシビアさ、繰り返し数字について発信することの３つが必要になります。まず良い目標設定に関しては、会社として求めたい数字と、足元の予算やメンバーの力量を踏まえて、頑張れば達成できるという絶妙なバランスでの設定が求められます。目標が高すぎると未達が続いてしまい達成ではなく未達が当たり前になってしまいますし、目標が低ければ簡単に達成できてしまい目線や改善力の低いチームになってしまいます。この絶妙な目標設定が経営層やマネジメント層に求められる重要ミッションです。

そして未達に対するシビアさですが、やはり目標達成に向けて頑張ってくれているメンバーを見ると、未達になったときにどうしても甘くなってしまうと思います。もちろん努力をしたプロセスを評価することは大切ですが、未達の場合には評価を下げ

図5-04 BALESのアチーブメントスコアイメージ

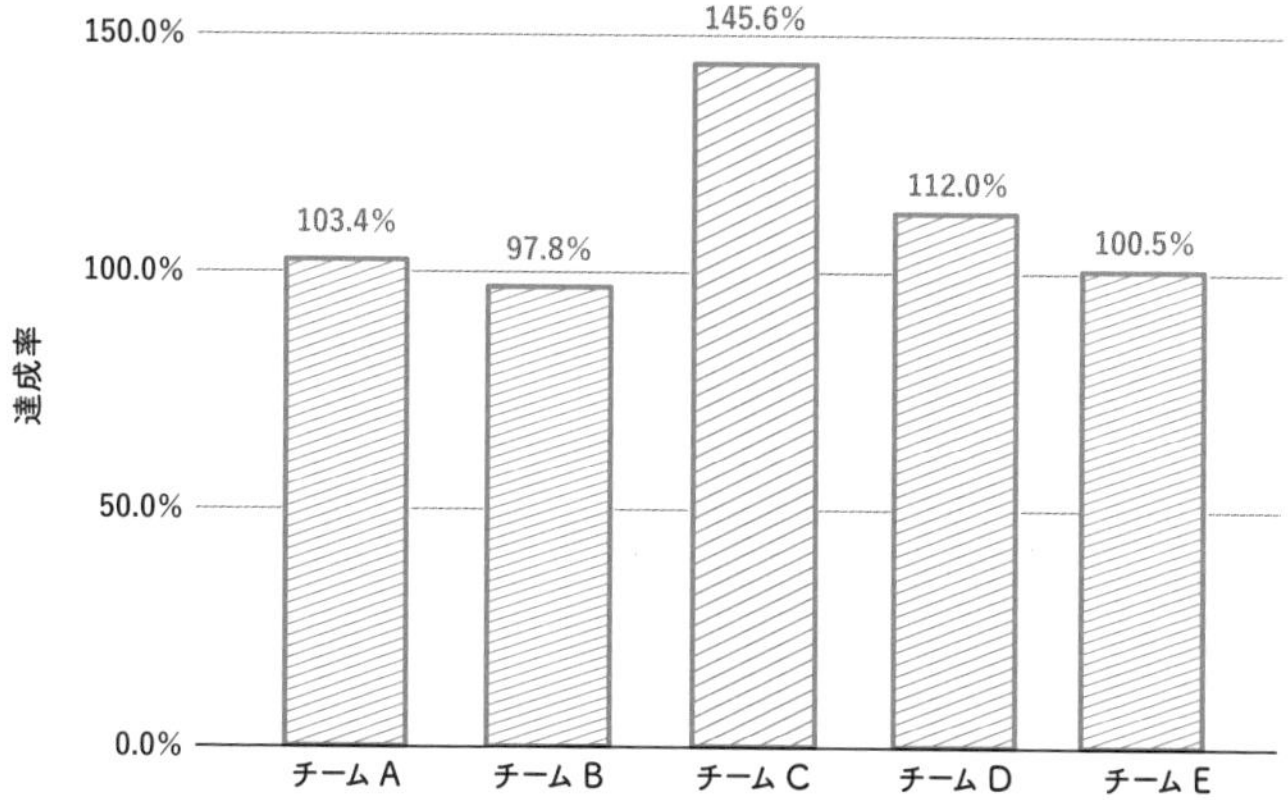
150.0%
100.0%
50.0%
0.0%
達成率
103.4%
97.8%
145.6%
112.0%
100.5%
チーム A
チーム B
チーム C
チーム D
チーム E

るというのは徹底すべきです。そこでポイントになるのが、評価をルールとして定義して、感情と切り分けることです。例えば目標を１００％達成できたらＡ、１２０％達成できたらＳ、反対に達成率が80％であればＢ、それ以下であればＣなどのルールを設けます。その上でプロセスを加点評価をするようにしていれば、原則成果によって評価をしつつも、頑張りも評価できるようになります。

最後に繰り返し数字について発信することですが、全体会議やチャットの中で目標数字と実績数字、達成率を報告することを習慣化することが重要です。

「ＢＡＬＥＳ」でも工夫しているところで

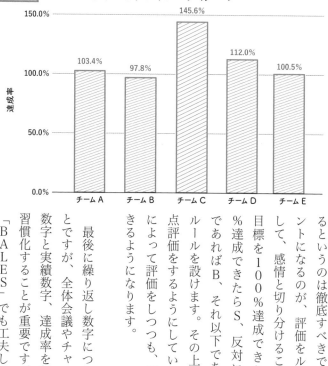

あり、お客様によってインサイドセールスの支援内容も様々でそれに伴いＫＰＩとして設定する指標も数字も異なりますので横並びでの比較はしづらいのですが、アチーブメントスコアという概念を導入して、達成率で横比較をできるようにしています。このアチーブメントスコアを週次や月次で全体共有しており、成果にこだわる組織づくりをしています。

また、個人レベルで数字達成を当たり前にするために必要なことは、習慣として数字をポジティブなものとして捉えること、そして自分で動かせる変数が何なのかを問い続けることです。インサイドセールスは自分を取り巻く数字も多いため、定量的に扱える数字も必然的に増えます。商談数などの成果につながるプロセスを定量的に捉えやすいため、現状分析を行い改善策を施せば必ず変化が見えるはずです。その変化がプラスであれば継続して実行し、マイナスであれば別の改善策に取り組む。これを繰り返すことで数字にこだわるカルチャーづくり、そして数字に強い組織づくりに成功するでしょう。

カルチャーに触れる機会を意図的に増やす

よく「せっかく作ったカルチャーが浸透しない」という相談を受けるのですが、これがなぜ起こるのかというと理由は簡単で、メンバーがカルチャーに触れる機会が少なく、理解や認識が薄くなってしまっているからです。

「そんな訳はない、カルチャーを浸透させるためにメンバーとのコミュニケーション機会を増やしたり、定期的に全体会議で共有している！」と思われるかも知れません。もちろんそういったアクションは大事なのですが、1on1などのコミュニケーションや全体会議で共有されるカルチャーへの理解や認識は一過性のものに過ぎません。

1on1で上司が日々の取り組みについて「カルチャーを体現しているね」と褒めたとしても、それは一時のやる気につながるだけで、継続してカルチャーを意識できるようになるかというと話は別です。また、全体会議の場で一方向に発信をしたとしても、一度の発信で伝わることには限界があるというのが実情です。カルチャーについて深く理解し、常に体現できるレベルまで認識してもらうためには、メンバーがカルチャーに触れる機会を意図的に増やしていくことが必要になります。

カルチャーに触れる機会を増やすためにスマートキャンプで工夫していることとしては、評価プロセスや社内イベント、経営層の行動などが挙げられます。

まず評価プロセスに関しては、メンバーに求める行動を具体化し、評価基準に組み込むようにしています。例えば行動指針の一つにCollaborationがあるのですが、Collaborationの範囲を自分が属するチームから部門を超えて、そしてより上位であれば自社だけでなく外部も含めてCollaborationしていくことを求め、それができているかを評価しています。このように評価にカルチャーが含まれることで、目標設定や日々の振り返り、評価の際に触れられるようになります。

二つ目の社内イベントでは、半年に一度、カルチャーを体現した取り組みを称賛する「ＡＷＡＲＤ」というイベントを実施しています。カルチャーに基づいた行動によって成果が出た取り組みをメンバー全員が発表し、優秀な取り組みを社員投票で決定して表彰します。人数も多いため予選会があり、予選を勝ち抜いたメンバーが半期総会の場でプレゼンをして投票をするという流れで、予選会から大いに盛り上がります。このイベントを通じてメンバー一人ひとりが「自分はこの半年、カルチャーを体現できただろうか？」と振り返ることができますし、周囲のメンバーの取り組みを知ることで改めてカルチャーの体現とは何なのかと考えることにもつながります。

そして三つ目の経営層の行動については、カルチャーを掲げる経営層やマネジメント層が率先して体現していくことです。こういうカルチャーにしたいと発信している人間がカルチャーに適した行動をしていなければ、メンバーに納得感が生まれず、白けた空気になってしまいます。例えばスマートキャンプでは「凡事徹底」という言葉を大切にしており、期限を守る、会議に遅れない、日報を出すといった当たり前のことを経営層やマネジメント層が率先して行うようにしています。

日々のコミュニケーションに落としていく

カルチャーの浸透に向けて、当然日々のコミュニケーションの中にカルチャーを落としていくことも重要で、カルチャーに沿ってネクストアクションにつなげていくことがおすすめです。例えばインサイドセールスとして設定されたKPI以上の定量的な成果を出したメンバーがいるとします。その際に、その成果を評価制度に基づいて、昇進や昇給という形で評価するだけでは、カルチャーの側面からすると物足りません。評価はきちんとした上で、カルチャーに沿ったネクストアクションまでつなげましょう。

会社のカルチャーとして「常にチャレンジを続けよう」というものがあったとします。このカルチャーを浸透させるために、メンバーに対して「今回の素晴らしい成果を受けて、次にこういうチャレンジをしてほしい」とさらなるチャレンジの機会を提供するのです。もう一つ例を挙げると、「コラボレーションを大事にしよう」というカルチャーがあるのなら、「あなたの取り組みは他部署の○○チームにとってすごく参考になると思う。ぜひ共有してほしい」と持ちかけて勉強会を開いてもらうのも良いでしょう。

こうしたネクストアクションにつなげることで、そのアクションを取るメンバーはもちろんのこと、アクションを見る周囲のメンバーもカルチャーを意識することができます。こうしてカルチャーを体現しているアクションを継続的に実行してもらうことで、組織やメンバーにしっかりと根付いていくのです。言葉での共有だけでなく実際のアクションを生み出していくことで、カルチャーの醸成を図りましょう。

コラム

インサイドセールスを外注するケース・応用編

本章ではインサイドセールスをアウトソーシングする目的に、ノウハウとリソースの確保があると解説しました。その応用として、実際に「BALES」に相談いただく具体例を紹介します。

(1) メンバーが他の業務に駆り出される分のパワーを補填したい

当たり前のことですが、メンバーの多くは所属部署のメイン業務だけに専念できるわけではありません。それはインサイドセールスも同様で、イベントやマーケティングコンテンツの企画や運営に、セールス全体の戦略設計、マネージャーならメンバーとの1on1や部署の状況把握、さらに事業部全体での取り組みや部門横断のプロジェクトなど、電話やメールなど見込み顧客と向き合える時間が限られてしまいがちです。社員は3人いても、実質の稼働時間は1〜2人分しか確保できないということがよく起こるのです。

こうしたロスの回避策として、アウトソーシングを利用するという選択肢が考えられます。アウトソーシングの場合は一般的に稼働時間や成果報酬で契約をしますので、確実に稼働時間を確保できるようになります。

（2）社内にない機能を丸ごとアウトソースしたい

社内のセールスモデルが確立して成熟フェーズにある企業はこのケースも多いです。例えば内製ではSDR（インバウンド）だけ対応するため、アウトソーシング会社にはBDR（アウトバウンド）をお願いしたい、あるいは無料プランのユーザーに対してプッシュ型で有料プランへの切り替えを勧めてほしいというイメージです。インサイドセールスの新しい機能を立ち上げる場合には、社内のカルチャーやキャリア制度も意識して、社内のリソースを充てるべきか考えます。社内リソースは別の機能に充てるべきだとなったら、その機能はアウトソーシングを活用して立ち上げ、拡大していくのが良いでしょう。

(3) メンバーの競争相手としてアウトソースしたい

(2)とは対照的に、社内のインサイドセールスと同じ機能をアウトソーシングし、同時に稼働するケースです。アウトソーシングのチームが同時に稼働することで、定量的にも定性的にもペースメーカーとなり、社員の競争意欲を高める効果があります。

例えば(1)で述べたように社内メンバーはどうしても稼働以外に時間が取られることも多く行動数が落ちてしまうことがありますが、アウトソーシングのチームがコンスタントに行動していればそれを見て社内メンバーが危機感を感じ稼働時間を確保するようになります。また、同じリードソースに対してアプローチしているのにアウトソーシングのほうが商談化率や案件化率が高いとなれば自分たちのトークに問題があるということにも気づけます。行動数や成果を数字で示しやすいインサイドセールスならではのアウトソーシング活用です。

ただし導入時には、社員への十分な説明が必要です。これは新しい取り組みを始める際には共通して言えることですが、アウトソーシングを取り入れる理由や目的、目指すところを明確にしておかないと、「自分たちは必要とされていない」と感じ、メンバーのモチベーション低下や不信感を招いてしまう恐れがありますので注意しましょう。

このようにアウトソーシングの活用方法は多岐にわたります。インサイドセールスの成果や組織運営に行き詰った際には上手にアウトソーシングを活用できないか？と考えてみるのも良いでしょう。

第6章

インサイドセールスの人材マネジメント［制度］

制度作りは組織力強化の要

インサイドセールス組織を有効に機能させる13の要素の最後は、人材マネジメントの中でも「制度」にフォーカスし、「育成」「評価」「キャリア」の三つのテーマを取り上げます。前章では「体制」「スキル」「カルチャー」といったチームや個人に焦点を当てた内容でしたが、本章では制度によって仕組みとして運用していくことを考えていきたいと思います。成果を瞬間的に出すだけでなく、出し続けられるインサイドセールス組織を作るためには、「育成」「評価」「キャリア」の制度設計は絶対に外せません。優秀なインサイドセールスを育て、活躍し続けてもらうために正当な評価を行い、キャリアの選択肢を提供していく。このような道筋を制度として準備することが組織の責任として求められます。

一方で、制度設計は非常に難しいテーマです。成果を数字で表せるインサイドセールスなら、伸ばしたいスキルがわかりやすいので評価を客観的に行いやすく、育成もポイントを押さえやすいのでは？と感じた方もいると思います。しかし、定量的な観点のみで設計した制度は組織としての持続性にはつながらないため、定性面での評価も取り入れていくべきです。ここでもパーパスやカルチャーの視点をもって、組織全体で納得感のある制度を目指す必要があります。インサイドセールスの表面化しにくい定性的な行動やマインドを誰もがわかりやすい形で測れるようにするのは、組織の戦力を客観的に把握する上でも、メンバーの成長を認め、モチベーション高く働ける環境を築く上でもとても重要なポイントです。

そして働く意欲を支えるために大切にしたいのがキャリア制度です。インサイドセールスは若年層の未経験者が、ビジネスパーソンのキャリアの入口としてスタートするケースが多い職種です。将来の仕事や働き方に、今の経験がどのような形でつながり、どう活かすことができるのかが見えることで、目の前の業務にもコミットしやすくなります。

11 育成

最初から完璧な人材を望まず育成を前提に考える

インサイドセールス組織の立ち上げや拡大に向けては、当然ですが社内の配置転換や新規採用を通じて人材を確保する必要があります。その際、前章で述べたようなスキルを既に身につけている人材を獲得できたら理想的ですが、そうはいかないのが組織運営の現実です。

そもそもインサイドセールス自体が比較的新しい仕事ということもあり、インサイドセールスの経験が豊富な人材やスキルの高い人材を採用するハードルは高く、経験やスキルのある即戦力人材を求めすぎてはいつまで経っても採用できません。他企業に差をつけられるほどの優位性が自社にあれば話は別ですが、インサイドセールスの優秀な人材はどうしても、本国でインサイドセールスの有用性が実証できていることもあり給与を高く設定できる外資系企業などを選択します。

そういった実情を鑑みると、経験やスキルを求めるのではなく、前章で述べた通りコミュニケーション力やロジカルシンキング力といったインサイドセールス人材としての素養や会社やチームへのカルチャーマッチを優先すべきです。そして、スキルについては育成制度を整え、自社で成長できる環境を作りましょう。そうすればインサイドセールス未経験者まで採用の幅を広げることができ、将来的な組織拡大に備えることも可能です。

また、自社でインサイドセールス人材の育成ができていない状況で組織拡大を続けようとすると、なかなか成果を出せるようにならない、成長の実感が得られないなどの理由から、離職リスクも高まってしまいます。そもそもインサイドセールスという職種自体人材の流動性が非常に高いため、自身の成長やキャリアアップの感覚が得られなければ離職してしまうというのは想像に難くないでしょう。そのためにも育成制度が必要です。

オンボーディングプログラムを用意する

ではインサイドセールスの育成制度の設計は実際にどう進めていけばいいのでしょうか。育成制度を考える上では、フェーズごとに捉えると考えやすいです。フェーズは大きく三つに分けることができます。入社直後のオンボーディング、オンボーディング後の日々のトレーニング、次のステップに進むためのトレーニングです。

まず入社直後のオンボーディングでは、インサイドセールスとして最低限求められるスキルや知識を1週間程度で身につけられるようにプログラムを設計します。オンボーディングに時間をかけられる環境であれば、もう少し長くても良いでしょう。

オンボーディングプログラムのコンテンツとしては、第5章の要素9「スキル」の中で触れた「インサイドセールスの電話アプローチに求められるスキル」に沿って考えます。

・顧客・サービス理解
・仮説構築
・ヒアリング
・言語化・伝達
・アフターコールワーク

これらのテーマについて、現状の業務フローや成果を向上させるために工夫していることを整理すれば立派なオンボーディングコンテンツになります。そしてこれらのコンテンツを入社直後のタイミングで説明するだけで、まったく説明のない状況と比べて立ち上がりのスピードが劇的に早くなります。各テーマに関して参考になるフレームワークもインプットできると良いでしょう。例えば、ヒアリングスキルのフレームワークとしてSPIN話法について学ぶなどです。

顧客・サービス理解、仮説構築については、共通して自社サービスや顧客に関する理解を深めることも重要です。そのために導入事例を徹底的にインプットすることをおすすめします。顧客はどのような課題を抱えていて、なぜ自社サービスを選んだの

図6-01 インサイドセールスの育成制度の設計イメージ

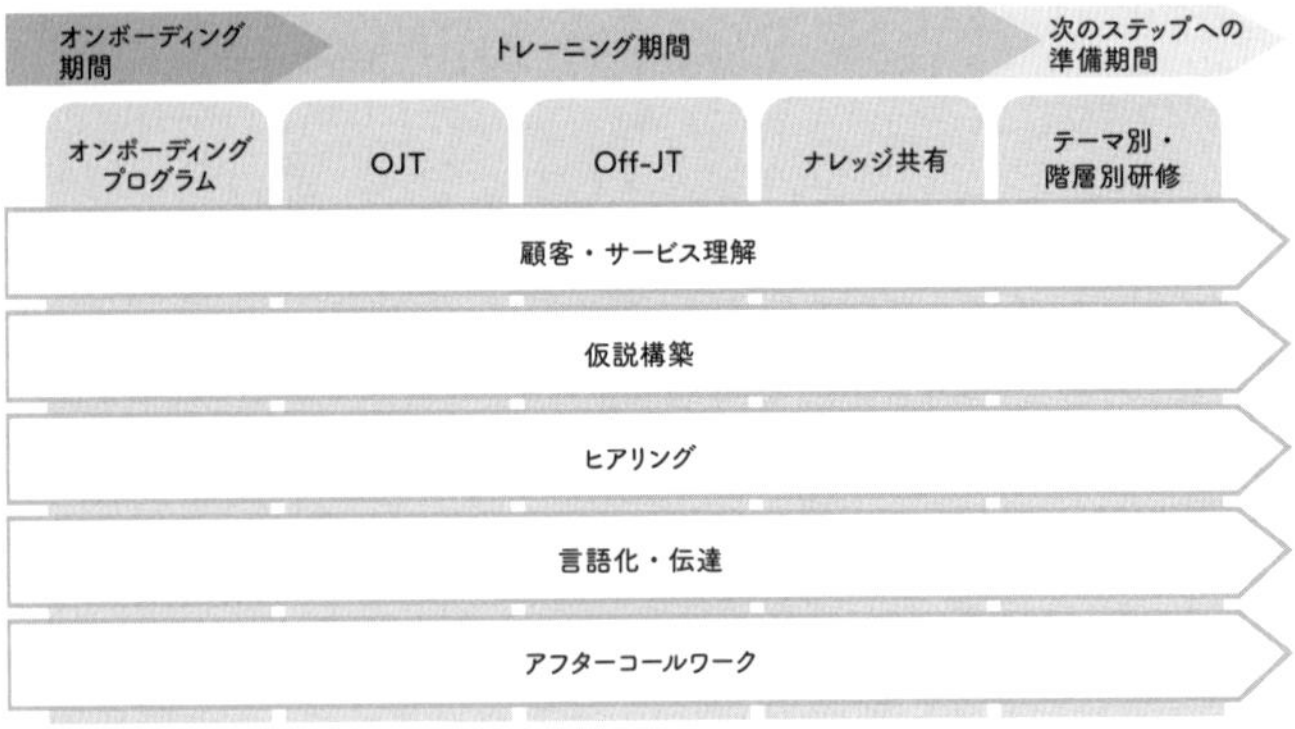

オンボーディング期間
トレーニング期間
次のステップへの準備期間
オンボーディングプログラム
OJT
Off-JT
ナレッジ共有
テーマ別・階層別研修
顧客・サービス理解
仮説構築
ヒアリング
言語化・伝達
アフターコールワーク

か。そして導入した結果どのような効果が得られたのかを暗記するぐらい理解すれば、顧客の深い課題理解と導入事例に基づいた仮説構築ができるようになります。そのために、導入事例を整理してストックしておくことも重要です。導入事例はサービスページに掲載することでページ訪問者への魅力付けにもつながりますし、ユーザーにセミナーへ登壇してもらうことで集客、ナーチャリングのコンテンツにもできますので、インサイドセールスとしては必ず向き合いたいテーマです。

また、そもそもインサイドセールスがどんな仕事なのか、どんなKPIを追うべきなのかなど、インサイドセールスの基本的な概念についてインプットすることも重要です。その際、なぜ自分たちがインサイドセールスを取り入れているのかというパーパスもセットでインストールすることで、本来の目的やインサイドセールスとしてのあるべき行動も日々意識できるようになります。

フィードバックのサイクルを回す

オンボーディングが終わったら、実際のインサイドセールス業務に入っていきます。座学も大切ですが場数を踏むことも重要ですので、なるべく早く電話業務に移るようにします。初めのうちはトークもヒアリングも不慣れになりますので、商談化率や案件化率の低いリストからスタートするのがおすすめです。例えば1年以上前にセミナーや展示会で接点を持ち、その後商談化できていなかったリストや、まだ接点のないホワイトリストなどです。これらの顧客リストは電話前の顧客リサーチや過去接点の確認の練習にもなります。

実際に電話業務を始めるといわゆるＯＪＴ（On the Job Traning）による育成になります。日々の行動量やＫＰＩの達成率をモニタリングしながら行動に対してフィードバックをしていくことと、実際の電話を聞いてヒアリングや提案内容に対するフィードバックをしていくことが中心になります。特に行動量に関しては、インサイドセールスとして成果を出すための最初の一歩です。もちろんトークが上達しなければ成果は上がりませんが、数のアプローチが求められる仕事ですので行動量が伴わなければ絶対に成果にはつながりません。行動量は意識して時間を確保しなければ落ちてしまうものですので、インサイドセールスとして上手に時間を使えているかは常に確認し、フィードバックするようにしましょう。

電話内容に対するフィードバックは、メンバーのレベルに応じて頻度を変えていきます。デビューしたばかりで電話に不慣れな時期は頻度を高くして細かくフィードバックをするのが良いでしょう。慣れてきたら日次で確認対象をサンプリングしてフィードバックをしたり1on1でフォローする程度に切り替え、様子を見ながら週に3回、2回、1回と頻度を下げていきます。なお、電話内容に対するフィードバックをスムーズに行うためにはCTIを導入することをおすすめします。横に張り付いて電話内容を聞くことはなかなか難しいですし、特にオンラインの時代では離れた場所で電話していることも多いため物理的に聞けないということもあります。CTI

を導入して電話内容を録音しておけばいつでも確認できるようになりますし、またリアルタイムで電話の内容を聞きながらテキストでフィードバックすることも可能です。

四半期や半期の評価タイミングもフィードバックの良い機会です。特に節目のタイミングではそれまでの商談件数や案件化率、受注率などの数字も集まってくるので、歩留まりデータから課題を特定し、フィードバックをしていきます。ＫＰＩのテーマで触れたように、インサイドセールスが意識すべき指標は行動量から最終的な受注へと変化していきます。こういった節目のタイミングではＫＰＩの目線を一歩進めるフィードバックを行えると良いでしょう。

そして、日々のトレーニングのサポートとして、講義形式でのインプットの機会を定期的に設けるのも良いでしょう。コンテンツはオンボーディングプログラムと同様に顧客・サービス理解、仮説構築、ヒアリング、言語化・伝達力、アフターコールワークのテーマに沿って考え、オンボーディングプログラムから一歩踏み込んだコンテンツにします。電話業務に没頭していると視野が狭まってしまいますので、視野を広げる目的でも座学の機会を提供することは有効です。

非同期で学習する機会を提供する

日々のトレーニングとして定期的なフィードバックと講義によるインプットについて説明しましたが、こういった同期的なコミュニケーションによるものだけでなく、非同期的に学べるコンテンツをストックしておくことも重要です。メンバーが実際にインサイドセールスの業務をしている中で気になったことや課題に感じたことをすぐに解消できるコンテンツを用意しておくとＰＤＣＡのスピードが上がります。

「ＢＡＬＥＳ」では、ナレッジ管理ツールを活用して、各メンバーが日々のインサイドセールス業務の中での細かい気づきやＴｉｐｓをドキュメントにして共有しています。例えば、アウトバウンドで電話をしたときにどのように担当の方に電話をつないでもらうのか、また電話をつないでいただいた後にその貴重な機会をどう有意義なものにし、商談獲得につなげるのかといった細かいＴｉｐｓがまとめられています。このようなＴｉｐｓはプログラムとしては用意しづらいですし、日々のフィードバックだけでは網羅的に伝えることも難しいので、非同期的な提供がマッチしています。そのためにもナレッジ共有の文化を作るようにしましょう。

また、電話やメールに関しては、良い電話やメールを真似することで上達していきます。英語などの語学学習でも真似が推奨されていますが、インサイドセールスの電話やメールも、まずトップインサイドセールスのものや実際に成果につながったものを真似することで上達スピードがアップします。初めから良い電話やメールを取り入れることができますし、繰り返し真似することで自分自身のスキルとして定着していきます。

そのために、メンバーに繰り返し真似して欲しい電話やメールをナレッジ管理ツールにストックしておくことがおすすめです。電話に関してはCTIを活用して録音しておき、共有用のURLをナレッジ管理ツールのドキュメントに整理して貼り付けておけばいつでも確認できるようになります。また、どのような意図でそのようにトークを展開したのか、メールを作成したのかという背景もコメントで添えておくと良いでしょう。背景まで理解して真似をすることで効果がさらに高まります。

次のステップに進むための学習

そして最後は次のステップに進むための学習です。これはキャリア制度にも連動するのですが、インサイドセールスメンバーの次にマネージャーに進むのであればマネージャーになるためのコンテンツ、インサイドセールスの中でも別の機能に進む（例えばSDRからスタートしてBDRに進む）のであればそのコンテンツを用意します。あるいはマーケティングやフィールドセールスなど別ポジションに進むのであれば、各ポジションのオンボーディングプログラムを活用しても良いでしょう。

インサイドセールスのネクストマネージャー向けのコンテンツとしては、マネージャーとして組織やチームをマネジメントしていくことになりますので、やはり組織マネジメントについて学べるコンテンツが良いでしょう。まさに本書がインサイドセールスの組織マネジメントについて網羅的な内容になっていますので読んでいただくと良いかもしれません。本書で取り上げたように戦略やオペレーション、人材マネジメントがインサイドセールスマネージャーのテーマであり、方針や施策、KPIを決めること、チームやメンバーを動機づけし、パフォーマンスを管理していくことが、メンバーのときには求められなかった要素になりますので、学べる機会を提供すべきです。

また、次のステップに進むための学習機会を用意することは、単にスキルアップにつながるだけでなく、メンバーのモチベーションアップにもつながります。キャリアの項目でも触れますが、次のステップが見えることが働く意欲や成長実感につながるからです。その意味では、1on1などの日々のコミュニケーションの中でも業務の進捗管理やフィードバックに留まるのではなく次のステップについてなど未来の話をするようにしましょう。

パーパスやカルチャーを体現できる人材を育てる

これまで業務やスキルなど実務面の育成について説明してきましたが、パーパスやカルチャーを体現できる人材の育成も重要なテーマです。繰り返し説明している通り、インサイドセールスのスキルが高い人材でも、インサイドセールスは組織で取り組む仕事ですので、組織として求める行動ができていなければ、はじめは高いパフォーマンスを出せたとしても、それを発揮し続けることはできません。

パーパスやカルチャーに基づいた行動ができる人材へと育成するためには、あるべき行動を段階的に定義することが効果的です。カルチャーの説明の中でも少し触れたように、カルチャーの浸透にあたっては評価プロセスに組み込むことが重要で、その中でグレード制を採用して、グレードに応じてパーパスやカルチャーの体現レベルが変化するような段階的な評価プロセスにします。

例えばナレッジ共有の行動を促したいのであれば、グレード1であれば四半期に1本、上長と相談したテーマについてナレッジ記事を投稿する。グレード2では、頻度を1ケ月に1本に増やす。グレード3ではテーマ設定も自身で行う。グレード4では、チームメンバーのナレッジ共有も推進するなどです。このように評価プロセスに階段状で取り入れることで、カルチャーの浸透だけでなく段階的な育成にもつながっていきます。

評価プロセスへの組み込みにあたっては、全社の評価制度に沿う形で導入すると進めやすいでしょう。すでにグレード制が採用されているのであればそのグレードのレベルに合わせて設計をしたり、各部で柔軟に設計してよい評価項目があれば独自でインサイドセールスの行動定義を作成してその項目に入れ込むなどです。特に大きな組織になると自由度が少なくなってきますので、評価制度変更となると大事になってしまいなかなか進みません。スピードとバランスを取って進めましょう。

パーパスやカルチャーの体現レベルを段階的に設定できたら、後はそれに基づいてしっかりと管理していきます。期初に目標として設定し、期中に達成できているかの確認とフィードバックを行い、達成をサポートします。達成できたらまた次のレベルへとステップアップするということを繰り返すことで、パーパスやカルチャーに基づいた行動へとしっかり育成することができるでしょう。実はこのように評価プロセスにパーパスやカルチャーを組み込むとマッチしない人材は制度に基づいて評価できないことになり、その結果として他企業に転職するということもあり得ます。より良い組織づくりに向けた新陳代謝を促進する仕組みとしても有効なのです。

ツールの活用で一段階上の育成制度へ

より良い育成制度にするためにも、ツールの活用が鍵になります。CRMやCTIなどを活用してデータを蓄積し行動の改善につなげること、音声や商談の解析ツールのデータをもとにトークの改善を行うこと、セールスエンゲージメントツールを通じてインサイドセールスの型化をすること、セールスイネーブルメントツールによって自己学習を促すことなどが挙げられます。

まずCRMやCTIの活用については、これらのツールに正しくデータを蓄積していくところからスタートします。1日あたりどれぐらい電話やメールをしているのか、また電話からの商談化率や商談からの案件化率、受注率はどれぐらいなのかなど、インサイドセールスの行動や成果に関わるデータを集めます。そしてその分析結果から課題を特定し、ピンポイントでフィードバックやコンテンツのインプットを行うことで行動の改善につなげていきます。メンバーが入力してくれずデータが集まらないという声もよく聞きますが、CRMとCTIを連携させるなどして自然と蓄積して

図6-02 **歩留まり分析のイメージ｜属性別の歩留まり**

業界別
リードソース別
リスト属性別
担当者別 等

		担当者接続			会話成功		商談獲得	
コール数	リーチ率	リーチ率/コール数	コネクト率	コネクト率/リーチ数	コネクト率/コール数	商談数	商談化率/コネクト数	商談化率/コール数
39	24	61.54%	19	79.17%	48.72%	5	26.32%	12.82%
471	90	19.11%	8	8.89%	1.70%	4	50.0%	1%
205	84	41.0%	63	75.00%	30.7%	10	15.87%	4.88%
174	62	35.63%	45	72.58%	25.86%	18	40.0%	10.3%
83	32	38.55%	22	68.75%	26.51%	9	40.9%	10.8%
42	19	45.24%	17	89.47%	40.5%	5	29.41%	11.90%
66	19	28.79%	14	73.68%	21.21%	7	50.0%	10.6%
293	94	32.08%	74	78.72%	25.26%	14	18.92%	4.78%
12	5	41.67%	4	80.0%	33.33%		0%	0%
95	34	35.79%	26	76.47%	27.37%	7	26.92%	7.37%
101	30	29.70%	24	80.0%	23.76%	9	37.50%	8.91%
121	41	33.88%	28	68.29%	23.14%	8	28.57%	6.61%

いく仕組みを作ることがポイントです。

また、電話の音声や商談の内容を記録、文字起こし、解析を行うツールを活用することで、実際の電話や商談の内容をもとに振り返りやフィードバックをできるようにすることもおすすめです。営業ロープレも重要ですが、実戦の中でPDCAを回すことで成長スピードも高まります。以前は同席しなければフィードバックもできませんでしたが、今ではツールを活用してログを残すことでいつでも簡単にフィードバックができるようになりましたので、こういったツールを活用しない手はありません。

そして、育成にあたってはインサイドセ

ールスの型を用意して、その型に基づいて活動できるようにすることもおすすめで、その際にセールスエンゲージメントツールが役に立ちます。守破離という言葉もありますが、インサイドセールスもまずは基本の型を身につけることから始めるべきです。セールスエンゲージメントツールでは予めインサイドセールスの型を用意してワークフローとして設定しておくことができますのでそのフローに則ることで自然と型が身につきますし、型が身についた後には自ら型を創造していく過程を通じてさらなるスキルアップを図ることができます。

最後にセールスイネーブルメントツールの活用もおすすめです。セールスイネーブルメントツールとは組織や個人の営業力を高めるためのもので、広義では解析ツールやセールスエンゲージメントツールもセールスイネーブルメントツールの中に含まれますが、最近では営業コンテンツやナレッジの管理ツールを指すことが増えています。どの営業資料が成果につながりやすいのかといったデータを可視化したり、営業の成功事例を蓄積したりすることができ、これらの情報から営業メンバー一人ひとり営業力を高め、組織全体の営業力を底上げできます。

このようにツールを活用することで育成プログラムのレベルアップや効率化を図ることができますので、積極的に活用してみてください。

12 評価

評価制度は会社の求める行動や成長の指針

評価制度は組織の拡大と安定成長を図る上で、育成と並んで非常に重要な観点です。多くの人は半期や通期の目標設定や会社からの評価をきっかけに、仕事への向き合い方や働き方、自身の未来について考えたり、キャリアステップに向けてアクションを起こします。逆に言えば、評価制度は会社としてメンバーに求めたい行動や、スキルやマインドの成長を促すことができるものであり、まさに会社とメンバーの双方にとっての羅針盤になるものです。

とはいえ評価制度の設計をしてみたり、実際に評価をしようとすると、その難しさを痛感するはずです。「100％の納得感がある、正しい評価ができた！」と胸を張って言える制度の設計や評価をできることなど滅多にないでしょう。

「とにかく成果をあげてほしい。個人目標さえ達成してくれたら、それに見合う報酬を出します」という評価制度であれば、メンバーは自分の仕事だけにフォーカスするようになります。電話やメールでのアプローチに限って言えば一人で進める業務がインサイドセールスは多いので、成果をあげるために自身の仕事のみに注力をして、周囲のメンバーに気を配らなくなってしまうことが起こり得ます。それでは組織のために貢献しようとしてくれているメンバーからの納得感が得られません。

あるいは、「うちの会社は年功序列。年長者から順に責任のあるポストと報酬を用意します」となったらどうでしょうか。今の時代においてはそういう会社は少数になってきたと思いますが、これでは若いメンバーのやる気は一気に失われてしまい、視野も狭くなってしまいます。どんなに頑張ったところで年を重ねないと昇格も昇給もないのですから当たり前です。

ここで言いたいのは、会社として求めている行動や成長につながるように、評価制度は設計されるべきだということです。もし組織の現状が、本来描いていた形とズレを感じるのであれば、評価制度を見直すことで改善につながるかもしれません。

定量評価もバランスを取って設計する

評価制度の設計にあたっては、カルチャーの説明の中でも触れたようにインサイドセールスは営業の仕事ですので、数字をもとに定量的な評価をすることを重要視すべきです。数字だけで評価してしまうと前述のように組織貢献の行動やマインドが失われてしまうため定性部分も評価すべきですが、第一に目に見える成果として数字で評価するようにしましょう。

数字の評価は、組織として求めるKPIとメンバーのスキルレベルを踏まえてぎりぎり達成できる数字のバランスを取って目標設定することがポイントです。組織の成熟度が上がっていくとKPIは架電数などの行動量から受注率や受注金額といった結果指標へと変化していきます。これはインサイドセールスメンバー個人としても同様で、はじめのうちは行動量の徹底からスタートし、スキルレベルが上がってきたら結果指標へと寄せていきます。

組織としては結果指標を求めたいものの、メンバーのスキルレベルがまだ高くない場合はメンバーに結果指標を求めても達成できません。また達成できなかった要因も行動量なのか、ヒアリングや仮説構築の質なのかなど特定できず、育成にもつながりません。さらには未達が続いてしまうとモチベーションの低下も招きかねません。とはいえ受注につながらない商談ばかりが増えても本末転倒なので、行動量とそのスキルレベルに求めることができる一定の案件化率を目標に設定して評価するなど、バランスを取るようにしましょう。

また、組織としてはフィールドセールスの稼働率を高めたい、新規サービスを顧客に当ててみて検証したいなどの理由で、多少質を落としてでも商談の件数を増やしたいという状況もあると思います。その際に結果指標を重視した目標設定をすると商談件数が思ったように増えないということになります。そういうときは、インサイドセールスメンバーのスキルレベルが高かったとしても商談獲得の基準を下げて商談件数を増やすようにし、商談件数の達成率で評価すると良いでしょう。

定性評価はスキルとマネジメントの二軸で考える

数字の評価設計ができたら次は定性面での評価です。数字に比べるとウェイトは下がりますが、メンバーの成長を促すためには定性面の評価の仕組みも重要です。スマートキャンプでは定性評価の軸として職種に限らずスキルと組織マネジメントの二軸で設計しており、これをインサイドセールスにも適用しているのですが、評価や育成の視点として網羅性もありおすすめです。

まずスキルに関しては、繰り返し説明している通り、顧客やサービス理解、仮説構築力、ヒアリング力などが対象になり、これらをどのレベルで実践できるのかを評価制度として作り込みます。ポイントとしては専門性の高さと、どのような役職、企業規模の顧客と対等にコミュニケーションできるのかの2点です。専門性に関してはわかりやすいと思うのですが、インサイドセールスとしてのノウハウ、顧客や業界に関する知見が該当します。成果を高めるためにはヒアリングや商談打診の細かいノウハウも重要ですし、ヒアリングや仮説構築の精度を磨くには顧客や業界に関する深い理

図6-03 インサイドセールスの定性面の評価軸

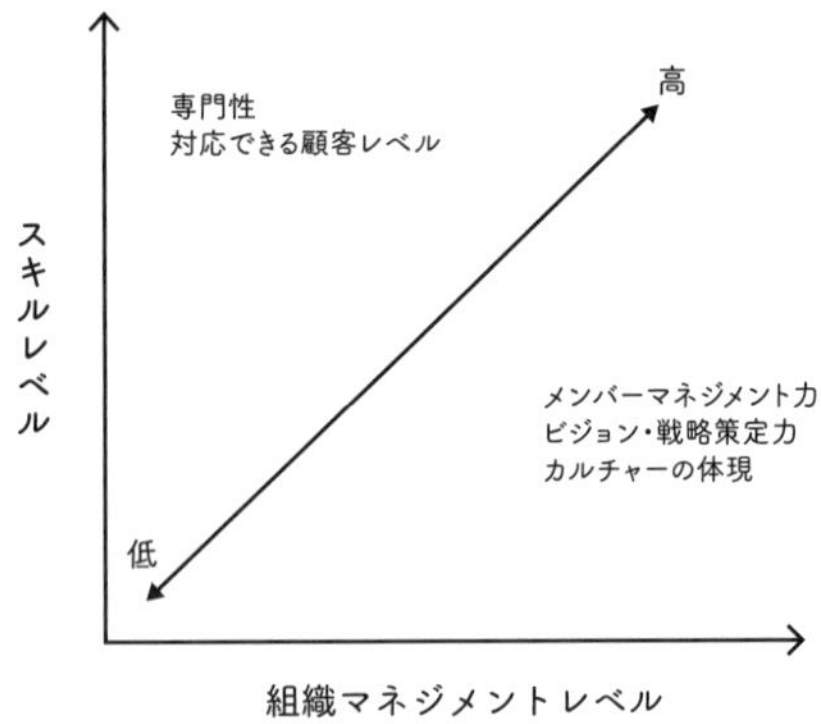
専門性
対応できる顧客レベル
高
スキルレベル
メンバーマネジメント力
ビジョン・戦略策定力
カルチャーの体現
低
組織マネジメントレベル

解も必要です。

そして対等にコミュニケーションできる顧客層に関しては、より大きな商談を作るために、また受注率を高めるためには、アプローチ対象として企業規模の大きさや役職の高さにもこだわっていく必要があります。そのため、大企業、かつ高役職者が相手となると求められるレベルも高くなりますので、スキルレベルの高いインサイドセールスメンバーでなければ商談化が難しいというのも実情です。エンタープライズ企業の開拓に取り組む企業が増えていますが、難易度を考えると一定のスキルレベルが求められるでしょう。

そして組織マネジメントの軸では、自身が影響を与えられる範囲がテーマになります。ジュニアのうちは自分の業務で手一杯になりますが、ひとり立ちできると周囲への貢献や後輩のサポートまでできるようになります。そして自分のチームや部門を持つようになり、組織を率いるためにビジョンや戦略を策定、発信し、成果の向上と組織づくりができるようになっていきます。このように組織マネジメントのレベルも評価できるように設計しておけば、それをキャリアアップのガイドラインにもすることができますし、この評価に基づいてマネージャーのアサインもできるようになります。

なお、スキルと組織マネジメントのどちらを伸ばしていくべきかという点については、本人の特性に基づいて決めるべきでしょう。日本の人事制度では管理職やマネージャーになっていくこと、つまり組織マネジメントの力を高めていくことが一般的でしたが、時代の変化により、スキルを磨いてエキスパートとして活躍していくキャリアも当たり前になってきています。インサイドセールスの黎明期から携わってきた立場としては、インサイドセールスのエキスパートが増えていき、年収も高くなっていってほしいと思っています。

カルチャーの体現も評価指標の一つ

定性評価の軸としてスキルと組織マネジメントについて説明しましたが、本書で何度も取り上げているカルチャーの体現を評価することも重要です。インサイドセールスの立ち上げ期は架電数や商談獲得数など定量的な部分のみでの評価でなんとか運用できたとしても、大きな組織になるにつれてカルチャーの要素、例えばビジョン、ミッション、バリューの体現なども観点に入れ込む必要があります。

インサイドセールスは成功事例やノウハウをチーム内で共有したり、マーケティング部門やフィールドセールス部門と連携して成果を最大化していく仕事です。組織規模が大きくなると関係者も増えていきますので、組織貢献のカルチャーを体現できていなければ独りよがりになってしまい仕事が上手く進まず、結果として成果にもつながりません。また、組織が小さなうちはメンバー一人ひとりの行動が色濃く組織に反映されるのに対し、人数が増えて組織が大きくなってくると個人の影響力が薄まり、組織課題がメンバーにとってはなかなか自分事化しづらいということにつながってしまいます。そうなると組織に貢献する、率先してカルチャーを体現するという視点が欠け、個人プレーに走ってしまいがちです。これでは組織の課題はなかなか改善されず、メンバーの評価も下がってしまいます。

これらの事態を避けるために、カルチャーの体現を定性的な評価項目として取り入れるべきです。育成のテーマでも触れたように、会社が求めるカルチャーについてメンバーに合わせて具体的なアクションに落とし、そのアクションが実践できているかどうかで評価をしていきます。カルチャーを体現したアクションができていれば評価され、できていなければ評価されないとなりますので、メンバー全員に自然とカルチャーを体現した行動を促す仕組みになるでしょう。

評価制度はブラッシュアップする

評価制度の重要性や作り方を説明してきましたが、何を評価するか、どのレベルを求めるのかなどは、会社や組織のフェーズや規模、さらには戦略によっても変化します。立ち上げフェーズではインサイドセールスの人数もノウハウも少ないため評価制度の内容もシンプルなものになりますが、拡大して規模が大きくなると具体化されていき、成熟フェーズになると多階層の組織を安定運用していくための進化が必要になっていきます。このようにどんな状況でも当てはまる完璧な評価制度を作ることは難しいので、その時に最適と考えられる評価制度を採用し、運用しながらブラッシュアップしていくことを前提にしましょう。

「BALES」にも今でこそ確立された評価制度がありますが、はじめて評価制度の策定に着手したときはノウハウも少なく、文字通り試行錯誤を繰り返しました。最初は課題の洗い出しから始め、マネージャーで集まって望ましいインサイドセールスメンバーのあり方についてディスカッションしたのを覚えています。

採用と同じで、評価制度でもやはりペルソナの設定が重要です。まずは自社で活躍できる人材はどういう人なのかと想像してみます。その上でこういうスキルがある人、こういう価値観がある人、組織にこういう貢献をしてくれる人というより具体的な条件が浮かび上がってきますので、その理想のペルソナに向けてどういうステップで成長していくのかを考え、評価制度に落としていきます。

また、今でも毎年のように評価制度をブラッシュアップしています。「BALES」の事業拡大に伴ってメンバーも増えますので、メンバー一人ひとりのキャリアアップや成長につながるよう評価制度の見直しを行っているのです。このように評価制度はどんどんブラッシュアップしていくものですが、同時に、アップデートの際にはなぜ変更するのかについてメンバーに明することも重要です。組織の納得感を大切にしながらより良い制度を作っていきましょう。

13 キャリア

キャリア制度は組織の長期的な運営に必要不可欠

インサイドセールスの組織を有効に機能させる13要素の最後として「キャリア」について取り上げます。インサイドセールスに限らずですが、組織は1年や2年といった短期目線での運営ではなく、5年、10年、そして何十年と、長期的に運営していくものです。その長い組織運営の中で、たくさんの人が所属し、活躍し、卒業するというサイクルを繰り返していきます。より強く、安定した組織にするためには、関わる人たちのキャリアに向き合うことが非常に重要です。

インサイドセールスに従事する方、特にメンバー層からよく挙がる不安の声として「先のキャリアが見えない」というものがあります。このような声が挙がるのは、インサイドセールスを新卒社員や、中途社員の中でも営業未経験者の方が取り組むケースが多いことに起因しています。キャリア制度が整っておらず先のキャリアを見せることができていなければ、インサイドセールスとしてある程度経験を積んだ後に何をすればいいのか想像がしづらいのです。マネージャーが指示を出してその通りに動くカルチャーの組織だとこの傾向は特に顕著になります。

キャリアが見えない状態になると、日々インサイドセールスという仕事を何のためにしているのかわからなくなってモチベーションが下がってしまったり、外に魅力的な機会があれば転職をしてしまいます。そうするとインサイドセールス組織に人が定着しないという状況に陥り、組織拡大をしようと新しいメンバーを採用しても、入れ替わりで卒業していくメンバーも多いため拡大にはつながらず、最悪の場合には縮小してしまいます。これを避けるために常にキャリア制度を設計し、常に次のキャリアを見せていくことが求められます。

また、人材育成の観点で見てもキャリアの提示は大切です。特にメンバーが増えて大きなチームになり組織に複数のレイヤーが生じる段階になると、マネジメントの役割を担う人材が必要になってきます。インサイドセールス組織全体を管轄する役割だけでなく、より現場に近いポジションでチームをマネジメントできるなど、マネジメントのポジションも人数規模に合わせて細分化し、増やしていく必要があります。そういったミドルマネジメントへのキャリアパスを制度として用意しておき、目指してもらうことでマネジメント人材の候補者を増やすことにつながっていきます。

加えて、ミドルマネジメントへのキャリアパス提示も大事ですが、同時にスペシャリストの道も開けている状態にすることも重要です。マネージャーのポストは限られていますし、適性も考えるとすべての人がマネジメントを目指すべきかで言えばそうではありません。マネージャーかメンバーの二択では、経験豊富なトッププレイヤーがどんどん抜けていってしまいます。すると常に採用と育成に追われることになり、いつまでも組織全体が成長しません。今いる組織でインサイドセールスそのものを極めるのも選択肢の一つであることを、制度として用意しましょう。

インサイドセールスとしてのキャリアプランを提示する

キャリア制度はインサイドセールスの実務担当者として活躍しているメンバーの次

のキャリアをどうしていくかという長期視点のものはもちろんのこと、インサイドセールスメンバーとしての役割の変化といった短期視点のものもあわせて、両軸で用意することがおすすめです。前者は2年から3年程度の時間軸で、後者は半年から2年程度の時間軸のイメージです。

まず次のキャリアという長期視点では、インサイドセールスの中でキャリアアップしていくという縦の軸と、別の職種にチャレンジするという横の軸で考えられます。縦の軸では、これまで繰り返し説明してきた通り、インサイドセールスのマネジメントコースとプロフェッショナルコースの2つに分かれます。いずれのコースにおいても年数や経験を経るにつれて難易度の高いことを求めていく設計と、それに伴って報酬が上昇していくように設計することが大切です。

マネジメントコースは日本では一般的な形式ですので全社としてすでに設計されているケースが多いのですが、プロフェッショナルコースはまだまだ一般的ではないため評価や報酬の制度設計がなされておらず、プロフェッショナル人材にとって魅力的な環境になっていない場合が多いです。海外ではインサイドセールスのプロフェッシヨナルに対して1000万円を超える報酬が支払われることもありますが、国内では今後のキャリアに向けた登竜門的な位置付けになってしまうことが多くあまり年収が高くありません。

プロフェッショナル人材向けの報酬制度としては、基本給だけでなくインセンティブの活用もポイントです。特に基本給をどれぐらいに設定していくべきか見えていないタイミングやカルチャーとしてインセンティブによって後押ししたいという場合にはインセンティブを有効活用すると良いでしょう。インセンティブは商談件数などの行動量を促す指標に設定しても良いですが、受注や案件化数など、より売上に近い指標に設定したほうが行動の量だけでなく質の向上にもつながります。また、最終的に利益を達成できた場合や予め確保した予算に収まる場合と条件を設定しておくと安心です。インセンティブの支払いによって利益が未達になってしまったとなると本末転倒です。

なお、インセンティブは会社のカルチャーにも影響しますので、カルチャーにそぐわないという場合には基本給のアップが良いでしょう。インサイドセールスはマーケティング部門やフィールドセールス部門と連携して成果を生み出す仕事ですので、インセンティブを出すことで連携が損なわれるというリスクもあります。そのため、カルチャーの観点からもインセンティブを設計すべきかを考えましょう。

別職種へのキャリアプランの設計

インサイドセールスの横の軸、言い換えると別職種へのキャリアチェンジという観点では、フィールドセールス、マーケティング、カスタマーサクセスの道が一般的です。インサイドセールスはこれらの職種と密に連携して仕事をしますので、各業務のイメージも持ちやすく、インサイドセールスとして培った経験やスキルも活かせます。

また、インサイドセールスの縦のキャリアとしてインサイドセールスマネージャーを目指す場合にも、連携先となるフィールドセールスやマーケティングの仕事を一度経験しておくことは大きなメリットになります。各部門がどのような思いで仕事をしているのか、どのような難しさがあるのかを理解することで、マネージャーのミッシ

図6-04 インサイドセールスのキャリアプラン設計

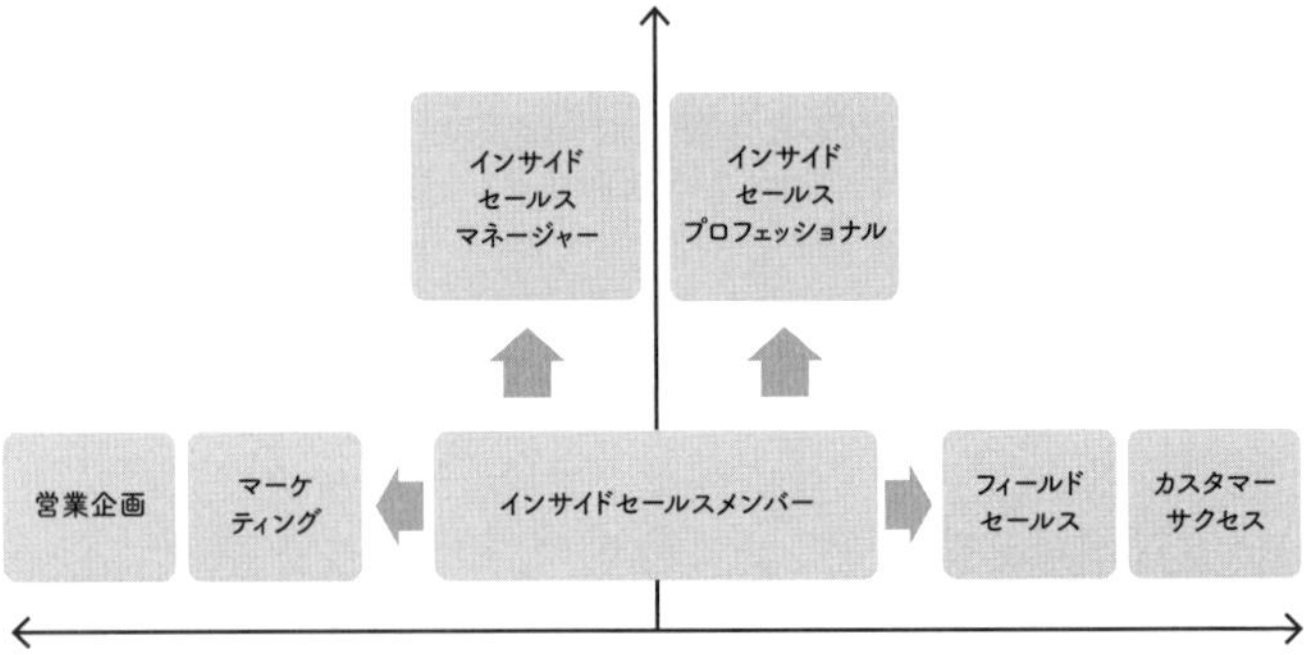

ヨンとなる各部門との調整もスムーズに行えるようになりますので効果的です。

フィールドセールス

比較的想像しやすいと思いますが、インサイドセールスでの顧客開拓、ナーチャリングのノウハウをもとに提案から受注までのセールスにチャレンジしてもらうキャリアです。普段からインサイドセールスとフィールドセールスがきちんと連携していればキャリアステップとして考えやすいと思います。サービスの知識やインサイドセールスとしてのトークのスキルもそのまま活かせますので、活躍してもらえる可能性も高いでしょう。

マーケティング

こちらもフィールドセールスと同様に、普段からインサイドセールスとマーケティングが上手く連動していれば目指しやすいキャリアステップです。営業活動の大前提になるリード獲得を、費用対効果を見ながらどのような手段で、ターゲット企業から獲得できるかを考えるのに、インサイドセールスで培ったノウハウは非常に役立ちます。

カスタマーサクセス

受注した顧客のフォローや利用促進、そしてクロスセルを狙うカスタマーサクセスとしても、インサイドセールスの経験は活かせます。顧客がどういうところに負担を感じて自社サービスを導入検討するのかはインサイドセールスが一番ヒアリングしてきていますので、そこが解決できているか、できていなければサービスでどうフォローするかなど、きめ細かい顧客対応が実現できるはずです。

短期のキャリアサイクルを設計することの大切さ

インサイドセールスメンバーの次のキャリアとしてマネジメントやプロフェッショナルへのチャレンジ、またマーケティングやフィールドセールスへの異動について説明しましたが、これらは概ね2年から3年のスパンの話で、これよりも短く、インサイドセールスの中での変化という観点で半年から1年程度のスパンでキャリア設計をすることも重要です。毎月のように数字を追いかけながら泥臭く業務をしていきますので、一定期間変化がなければモチベーションが下がってしまうリスクがあります。

インサイドセールスの中での変化としては、難易度がアップしていく設計をするのが良いでしょう。設計の方向性としては大きく三つあり、一つ目はKPIを変化させていくことです。繰り返し説明している通りインサイドセールスを始めたばかりのうちはまず行動量をKPIに置くことが多く、成果が安定してきたらより売上に近い指標、例えば案件数や受注数へと移行していきます。売上に近い指標になればなるほどヒアリングや仮説構築がより高いレベルで求められるようになりますので、成長実感にもつながります。これは半年というより3ケ月ほどの時間軸で考えることが多いですが、市場や事業の環境変化のスピードによっては早くて1ケ月スパンで変化することもあるでしょう。

二つ目は役割の変化です。例えば、初めのうちは商談獲得の難易度が低いSDRからスタートし、次のステップとしてターゲットリストの作成から短時間で魅力を伝えるトークまで求められるBDRにステップアップし、これらを経てオンライン商談に進んでいくというイメージです。各役割の難易度はアプローチするリストや自社のサービス特性、何をゴールに設定するかなどによってBDRのほうが難しい場合もあればSDRのほうが難しい場合もありますので、難易度をしっかり評価して設計していきましょう。

そして三つ目はターゲットの規模や業界などの属性の変化です。例えば中小企業向けのアプローチから始めて案件金額が大きくなる大手企業向けのアプローチにステップアップしていく、既存顧客が多く導入事例として公開できる企業の多い業界へのアプローチからこれから新しく開拓したい業界へのアプローチに変化していくなどです。

このあたりは事業戦略とも密接に紐づきますので、戦略に応じて柔軟に変化させていくことも重要です。

注意点としては、短期での役割変更に関しては、ある程度成果を出せるようになってきた後にコンスタントに活躍してもらう期間を設けることです。慣れてきたらすぐに次の役割となってしまうと、本人にとっても成功体験を積むことができませんし、会社としても育成ばかりになってしまいリターンを得られなくなってしまいます。そのため、一般的には6ケ月サイクルで考えることがおすすめです。最初の1ケ月は手探りで動き、1ケ月目の反省や気づきを踏まえて2ケ月目に少し改善し、3ケ月目にさらなる改善によって成果が出るようになることが多いです。そして、成果が出る状態になってからもう3ケ月同様の活動をしてもらうことで成功体験の提供と組織としてのリターンを得られるでしょう。

インサイドセールスを選択した原点に立ち返る

キャリアプランを設計して制度として運用できるようになったら、定期的に「自分は今、なぜインサイドセールスという仕事をしているのか」という原点に立ち返る機会を提供することも大切です。基本的には就職活動時にインサイドセールスについての説明を受けて、仕事の内容を理解し、魅力を感じて入社を決めています。そういったインサイドセールスを自身のキャリアを描くうえで必要だと判断した原点が一人ひとりにあります。

日々業務に追われているとどうしてもその原点を見失ってしまうことがありますので、定期的に原点に立ち返り、それを踏まえて自身はこれからどうしたいのかを考えてもらう機会を持つことで、常に個人としてのキャリアの目標も意識してインサイドセールス業務に集中できるようになります。モチベーションを高く保って仕事をしてもらうためには、このようにキャリアを定期的に考えるサポートが組織には求められます。

そもそもインサイドセールスの仕事を選んだ人たちは、どのような点に魅力を感じて自身のキャリアとして選んだのでしょうか。考えられる主な理由を挙げてみます。

・非対面でヒアリングやコミュニケーションをして成果をあげていく面白さ
・働く場所や時間を自分でコントロールできる柔軟さ
・インサイドセールスが普及していくことを見据えた市場優位性と将来性
・キャリア選択の幅を広げるための入り口

注目は後半の二つです。多くの人は、インサイドセールスの将来性に期待を寄せているのではないでしょうか。「インサイドセールスのノウハウを身につけて、将来的に組織の立ち上げに携わりたい」、「セールスとマーケティングで連動した施策を打てるデジタルマーケターになりたいから、まずはインサイドセールスとして成果を出したい」などです。今のポジションからステップアップして新しいチャレンジをするようなキャリア像を描けているメンバーは、きっとスキルもマインドも成長していくでしょう。「なぜ今、この仕事に取り組んでいるのか」という問いに対する自分なりの答えを見出しているからです。

事実、インサイドセールスを経験すると、ビジネスの基礎力を身につけることができます。スキルの多様さについては前章でも述べていますが、セールスプロセス全体を俯瞰して見る力や、リードナーチャリングを通じて培うヒアリング力やトーク力、相手の立場に立って考える洞察力や仮説構築力は、どのポジションに行っても通用するものです。インサイドセールス領域の中でプロフェッショナルを目指すにしろ、他の部署への異動を検討しているにしろ、インサイドセールスという職業を一度経験することはとても有効です。

例えば「BALES」でもインサイドセールスを経て採用担当として活躍しているメンバーがいます。話を聞くと、インサイドセールスの経験が非常に活きているようです。特に採用マーケティングのテーマにおいて、インサイドセールスの考え方が役に立つそうです。採用ターゲットの関心を高めて、良い選考体験を提供し、お互いに理解し合ったうえで入社、オンボーディングにつなげていくという一連のプロセスがインサイドセールスの仕事と重なります。

アウトソーシングを組み合わせたキャリア制度設計

インサイドセールスのキャリアを真剣に考えるなら、ここまで提示してきたように社内にいくつものキャリアパスを用意しておく必要があるでしょう。そして本人の希望を聞き、「将来就きたいポジションに対し、今の仕事はこういう位置づけにある」と説明し、「実現に向けて、こんな経験を積んでいけるように働いていこう」と動機づけを図っていくことが求められます。

しかし、このようなキャリア支援を理想の形にするのはなかなか難しいものです。というのもインサイドセールスだけ、営業部門だけ、で完結する話ではないからです。他部門や事業部、人事との調整や、全社的な人事制度の改革に話が及ぶことも十分考えられます。また、全社的にキャリア制度を設計することができたとしても、例えばマネジメントのポジションが限られているなど、ポジションを用意しきれないということもあります。

そのため、理想のキャリア制度を作るためという目的でアウトソーシングを活用するのも有効です。例えば自社で採用したメンバーはゆくゆくインサイドセールスマネージャーやフィールドセールス、マーケティングのポジションへと異動することを前提として、アウトソーシングを活用して安定的に高い成果を出し続けるプロフェッショナルチームを確保するという組み合わせです。この組み合わせはマネジメントコースを基本にしている組織にとてもフィットするでしょう。

コラム

アジャイル組織で成長を加速させる

インサイドセールスは日々変化が激しく、完成形と呼べるものが存在していない領域です。半年前なら効果が出ていた施策が突然通用しなくなるということもあります。社会や市場の変化、また自社の戦略や方針の転換に合わせて、インサイドセールス組織はラーニングとアンラーニングを繰り返しながら、適応していかなければなりません。実際にインサイドセールスを導入して成功している企業は、変化し続けることができている点で共通しているように感じます。

変化への適応力を高めるには、予め変革しやすい組織形態を取ることも有効です。そこでヒントになるのがアジャイル組織の考え方です。アジャイル開発という言葉を聞いたことはありますでしょうか？　アジャイル開発とは、計画、設計、実装、テストという開発工程を短期間で繰り返していく開発手法で、従来の全体設計から段階的に開発工程を進めていくウォーターフォール開発に比べて、仕様の変更や外部環境の変化に強いという特徴があります。アジャイル組織はアジャイル開発の考え方を組織に適用したもので、事前に立てたロードマップ通りの運営を目指すのではなく、短期間で実行と振り返りを繰り返しながら業務を前に進めていく組織形態です。企画や意思決定もトップダウンではなくボトムアップで行われますので、変化に対して柔軟かつスピーディに対応できるようになります。

インサイドセールスがこのアジャイル組織の形態を取ることで、変化に適応しながら、自律的に進化し続ける組織にすることができるでしょう。また、アジャイル組織の仕組みとして、リーンコーヒーやＫＰＴをチームに取り入れるのもおすすめです。

・リーンコーヒー（Lean Coffee）

リーンコーヒーは会議の手法の一つで、事前にアジェンダを設定せず、会議の冒頭で話したいトピックをみんなで決めて、付箋やホワイトボードを活用して議論していくものです。普段課題に感じていることや気になっていることを発散でき、そこから解決や改善につながっていきます。業務に追われてなかなか手をつけられていない問題にまで目を向けることができるのも良い点で、緊急度が低いが重要度は高い課題の改善に向いています。

・KPT（Keep・Problem・Try）

KPT（ケプト）とは、Keep、Problem、Tryの頭文字を合わせたもので、振り返りのためのフレームワークです。活動や施策の振り返りとして、よい取り組みで今後も続けたいこと（Keep）、改善が必要と思われること（Problem）、改善のためのアクションプランやこれから始めたいこと（Try）を整理していきます。例えば一週間の活動の振り返りをKPTで行うことで、毎週のように仮説検証ができ、早いペースで改善を重ねることができます。

リーンコーヒーもKPTも初めの内は個人の行動に関することに目が向きがちですが、続けていく内に組織やチーム全体のことに目を向けられるようになっていきます。そのため、チームでこれらの取り組みを繰り返すことで、メンバーの育成にもつながります。

第7章

インサイドセールスの可能性

これからの時代における インサイドセールスの 大きな可能性

これまでインサイドセールス組織を有効に機能させるための13の要素について取り上げて組織の運営について説明してきましたが、本書を手に取っている皆さまには何よりもインサイドセールスという仕事自体にワクワクしていただきたいと思っています。私自身もインサイドセールス支援サービス「ＢＡＬＥＳ」をスタートした２０１７年からインサイドセールスの領域に携わってきましたが、これからの時代における営業のスタイルとして大きな可能性を感じてきました。

組織づくりの話の中で、インサイドセールスはその泥臭さゆえに異動や転職が多い職種であると述べてきましたが、泥臭いのはどんな仕事も同じです。フィールドセールスも毎月のように数字を積み上げていくことが求められますし、マーケティングも日々細かい数字の改善に向き合います。それでもインサイドセールスからフィールドセールスやマーケティングにジョブチェンジする人が多いのは、インサイドセールスの世界に身を置いてきた私からすると単純にインサイドセールスの可能性が伝えられていないだけだと感じています。

皆さまにも可能性を感じていただき、インサイドセールスとしてキャリアを築いていきたいと思う人が増えてもらえるよう、最終章となる本章では改めてインサイドセールスの面白さや魅力について触れたいと思います。

私が感じるのは、インサイドセールスが営業組織の中心になっていくこと、テクノロジーの活用などを含めてインサイドセールスが最先端の営業スタイルであることの2点です。

インサイドセールスが営業組織の中心になる

インサイドセールスは営業の中心地

インサイドセールスはそれ自体では完結せず、見込み顧客と接点を作るマーケティング部門、実際に顧客と商談をし、契約を獲得するフィールドセールス部門と連携して、売上の最大化を目指していきます。インサイドセールスは新規営業プロセスの中心に位置していますので、マーケティング部門やフィールドセールス部門の状況、さらには会社全体の方針や事業の戦略を見ながら、商談や案件を創出する機能を担います。

インサイドセールスはフィールドセールスの前のプロセスになりますので、受注率や受注金額といったフィールドセールスの成果をコントロールできる立場にあるとも言えます。もちろん最終的に顧客に契約いただけるかどうかは担当したフィールドセールスのスキルや顧客との信頼関係の構築による部分もありますが、そもそも自社サービスがフィットする適切なターゲットから、課題を解決したい意欲が高まっている最適なタイミングで商談を獲得しなければ受注の可能性は極めて低くなります。

また、インサイドセールスのSDRにおいてはマーケティング部門が獲得したリード（見込み顧客）へのアプローチが基本になります。そもそもリードがなければSDRの活動が成り立ちませんので、必然的にマーケティング部門と連携することになります。何でもかんでもリードが得られれば良いということでもありませんので、インサイドセールス側からこういうリードが欲しいなどとマーケティング部門とコミュニケーションを取り、能動的にマーケティング施策を最適化していくアクションが重要です。

このようにインサイドセールスとして成果を最大化していくためには、マーケティング部門とフィールドセールス部門の両方との連動を意識し、働きかけていくことになります。インサイドセールスは言わば営業活動の中心地であり、両部門の様子を見ながら活動していくことが求められるのです。

インサイドセールスが中心的な役割を果たすための3要素

インサイドセールスが営業組織の中心としての価値を発揮するには、電話やメールなどを単に業務として行うだけで足りるでしょうか？　答えはノーで、中心的な役割を果たすために業務に取り組むベースとして求められる要素が三つあります。それは全体最適の視点、戦略立案のスキル、リーダーシップの発揮です。

全体最適の視点

組織としての最終的な目標（売上〇万円など）を達成するために、インサイドセールスだけでなくマーケティングやフィールドセールスを含めてビジネス部門全体がどう連動していくべきかという全体最適視点で考える必要があります。マーケティング施策から商談化、クロージングまでのオペレーションをどう連動させるのが最適かを考え、マーケティング部門への働きかけやフィールドセールス部門への商談提供をしていきます。

戦略立案のスキル

新規営業の成果を最大化するために、またマーケティング部門とフィールドセールス部門に納得感を持って動いてもらうためには、営業戦略をストーリーとして組み立てることが重要です。どのようなターゲットに対して、サービスのどういう価値を訴求するのか。そのターゲットとの接点はどのように構築し、どう商談獲得、受注につなげていくのか。最終的な売上目標に対して、商談件数やリード件数を何件に設定するのかなど、営業戦略をストーリーとして捉え、組み立てます。

リーダーシップの発揮

策定した営業戦略に基づいて、実際にマーケティング部門からフィールドセールス部門までを滑らかに動かしていくには、インサイドセールスが潤滑油となることが重要です。営業戦略や具体的な施策の浸透に向けて、各部門のＫＰＩや思いも汲みながら戦略や施策に対する理解とモチベーションの最大化を促すコミュニケーションを取り、ビジネス部門全体を強力に推進していくリーダーシップを発揮することが重要になります。

これらの三つの要素を持ちながらインサイドセールスの業務に取り組んでいれば、想定した効果が出ていない施策や部門間のコミュニケーション課題などの問題に気づき、自発的に改善に向けたアクションが取れるようになります。とは言え簡単にできるようになることでもありませんので、日々意識とトレーニングを心がけましょう。

ビジネス部門の責任者ポジションへの道

お気づきかと思いますが、全体最適の視点、戦略立案のスキル、リーダーシップの発揮の3要素は、まさにビジネス部門を統括する責任者に求められるものです。ビジネス部門の責任者は売上目標をどう達成するかという問いに対して、全体最適の視点を持って営業戦略と具体的な施策、アプローチ方法を設計し、各部門に落としていきます。インサイドセールスが中心的な役割を担うために行う動きそのものですので、インサイドセールスとして活躍した先にビジネス部門の責任者になるというのは理に適っていると言えます。

最近ではビジネス部門を統括する役割としてCOO（Chief Operation Officer：最高執行責任者）やCRO（Cheif Revenue Officer：最高収益責任者）という役職が一般的になっています。インサイドセールスの現場を経てマネージャーになり、マーケティング部門やフィールドセールス部門にも管掌を広げ、最終的にはCOOやCROになるというステップは容易に想像がつくと思います。

私の友人で、実際にインサイドセールスからキャリアをスタートし、フィールドセールスとカスタマーサクセスのマネージャーを経て、現在は上場企業のCOOとして活躍している方がいます。なぜCOOになれたのか？という質問をしたところ、インサイドセールスとしてビジネス全体の視点を持つことができたことと、チームを作り、メンバーをマネジメントする経験を積めたことで、COOとしての土台を築くことができたと話していました。

今インサイドセールスとして活躍している皆さまにはぜひ私の友人のようにビジネス部門全体を統括するCOOやCROを目指して欲しいと思っています。繰り返しになりますが、ＣＯＯやＣＲＯを目指していくのであればただインサイドセールスの業務をこなしていては難しいでしょう。意識的に全体最適の視点を持つこと、営業戦略を考えること、そしてリーダーシップを発揮することにチャレンジしなければＣＯＯやＣＲＯには近づけません。日々の業務の中でどんどんチャレンジしましょう。

インサイドセールスは最先端の営業スタイル

新しい営業スタイルを生み出すチャンスにあふれている

第1章でインサイドセールスは購買行動のオンライン化やテクノロジーの進化を背景として広がっていると説明しましたが、インターネット上の情報は日々さらに充実していっていますし、AIの発展により情報を集めるコストも飛躍的に下がっています。また、第4章でインサイドセールスの新しい武器としてセールスエンゲージメントツールについて詳述した通り、営業におけるテクノロジー活用もどんどん進んでいきます。

これらの市場動向から営業のインサイドセールス化が進んでいくことは疑う余地が

なく、その中でどのようにオフラインのアプローチを活用するのかという議論が行われると考えられます。インサイドセールスで接点構築からクロージングまで行うケースもあれば、オフラインによる信頼関係の構築を目的として、インサイドセールスによって接点を持つことができた後はフィールドセールスを取り入れるというハイブリッドのケースもあるでしょう。

いずれにせよ、購買行動のオンライン化やテクノロジーの進化が進む現代においてインサイドセールスは欠かせないものであり、インサイドセールスがある前提で時代やトレンドに合わせて最適な形を作っていくことになります。私たちが今取り組んでいるインサイドセールスという仕事は常に変化しており、自らが新しい営業スタイルを生み出していくチャンスにあふれているのです。

実際にこれまで「ＢＡＬＥＳ」の提供を通じてインサイドセールスの支援をしてきた中で、新型コロナウイルスの流行前後で営業の形が大きく変化したことを肌で感じました。緊急事態宣言下ではオフラインの営業がほとんどできなくなりましたので、ウェビナーやオンライン商談など、インサイドセールスのスタイルを取り入れざるを得ない状況となり、多くの企業から相談をいただきました。そして今ではその動きも落ち着きを見せ、インサイドセールスの良い部分を取り入れた形でオフラインの営業が戻ってきています。

私たちが提供している「BALES CLOUD」のようなセールスエンゲージメントツールをはじめとして、インサイドセールスの業務の中で触れるツールも変化してきましたし、さらにはOpenAI社が提供するChatGPTを活用してインサイドセールス業務の効率化が図れるようになるなど、私が今この本を書いているときにもリアルタイムで変化が起こっています。このような営業の変化に最前線で向き合い、自分たちがこれからの営業スタイルを定義できる機会はなかなかありませんので、とてもエキサイティングな環境だと感じます。

10年ごとに進むテクノロジーの進化

これまで何度も触れたように、インサイドセールスはテクノロジーとの相性が良く、最新のツールがどんどん登場するのも魅力の一つです。成果を出すインサイドセールスになるためにはツールの活用が欠かせないことはお伝えしてきた通りで、新しいツールに対してアンテナを張り、積極的に活用する意識を持つことがこれからのインサイドセールスに求められます。第4章のコラムの中で、セールステックの進化は大まかに10年ごとに進んできたと説明しました。まずCRMが登場し、その後クラウド化の進展やMAの登場、インバウンドマーケティングの浸透があり、カスタマーサクセスやセールスエンゲージメントのツールが生まれ、営業データベースを活用したアウトバウンドマーケティングも広まりました。

そして2020年代へと突入し、セールステックのさらなる細分化とAIの活用が進んでいます。近年セールスイネーブルメントという言葉が国内でよく聞かれるようになり本書でも第5章で取り上げましたが、欧米ではこのセールスイネーブルメントの領域においてより細分化が進んでいるようです。

そもそもセールスイネーブルメントとは、営業活動全体を改善し、営業組織にとって最も成果が出るように最適化するための概念、仕組みを指します。言われてみれば一口にセールスイネーブルメントと言っても対象はとても広く、その中でカテゴリーは細分化できます。例えば、電話や商談を解析して振り返りができるようにすることもセールスイネーブルメントの一部ですし、成果の出る営業ドキュメントの管理も、営業トレーニング研修の受講状況管理もそうです。それぞれの切り口に対応したツールが登場し、セールスイネーブルメントの潮流を形作っているのが欧米のトレンドのようです。

一方で、細分化してきたツールが改めて一つに集約していく流れもあります。各領域に特化したツールを連携して利用するというスタイルが中心でしたが、やはりデータを統合的に管理したいというニーズや、複数のツールを組み合わせることでオペレーションが複雑化してしまう問題、また開発人材の不足などを背景とした力の強いツールベンダーへの開発力の集中などを背景として、改めて特定のベンダーが総合ソリューションとして提供しようとするトレンドがあります。こうした便利の先に生まれる新たな課題に対応する変化がセールステックの次の10年を作っていくのでしょう。

InsideSalesOps が必要な時代へ

セールステックの世界はスピーディに進化が進んでおり、日々様々なツールが生まれていますので、大切なことはツールに振り回されるのではなく、ツールについて正しく理解し、自社のパーパスやオペレーションに最適な設計をしていくことです。流行に流されて自分たちのインサイドセールスにはマッチしないツールを導入してしまっては、費用面の損失だけでなく導入の負担や現場の混乱などの問題につながってしまいます。

そこで注目したいのが「xＯｐｓ」という考え方です。ＯｐｓはOperationsの略でオプスと読み、xＯｐｓはエックスオプスと呼んだりするのですが、xを置き換えてDevOpsやDataOps、DesignOps、BizOps、SalesOps、MarkeOps、HROpsなど、様々なxＯｐｓがあります。これは対象となるxの活動やオペレーションをより最適化、効率化する役割のことで、テクノロジーの活用が鍵になります。

もともとはDevOpsという言葉からスタートしており、xOpsはその延長にあるものです。DevOpsは新しい機能を開発するDev（システム開発）と既存機能を安定的に提供するOps（システム運用）を組み合わせた造語で、開発チームで対立しやすいDevとOpsが協働し、柔軟かつスピーディに開発を進める手法です。そのアプローチはテクノロジーの活用だけでなく組織文化の変革も含まれます。xOpsはDevOpsから派生して、特にテクノロジーの活用によってより効率的な活動を実現していく考えであり、例えばSalesOpsは営業活動を効率化するミッションを担います。

このxOpsの考えがインサイドセールス領域でも広がっていくと考えられます。インサイドセールスはテクノロジーとの相性が良くたくさんのツールがあり、またマーケティング部門やフィールドセールス部門が活用しているツールとの連携も求められますので、まさにxOpsが活躍する領域です。すでにSalesOpsに取り組む組織は増えてきており、インサイドセールスのオペレーション改善も今はSalesOpsに含まれることが多いのですが、インサイドセールスの普及にあわせてInsideSalesOpsも増えていくことでしょう。

インサイドセールスにおけるGenerativeAIの活用

最近のテクノロジートレンドとしてＡＩの活用も外せません。直近ではChatGPTが急速に広まり、その波がインサイドセールスにも押し寄せています。そもそもChatGPTとはOpenAI社が２０２２年11月にリリースした人間のように自然な会話ができるＡＩチャットサービスのことで、その精度の高さや人間との会話に近い体験が話題となり、リリースからわずか2ケ月でユーザーが1億人を超えるなど大きな注目を集めています。

ChatGPTはいわゆるGenerativeAI（生成ＡＩ）の一種で、GenerativeAIはChatGPT以外にも様々なサービスが登場しており、プロンプト（ＡＩに何を生成させるかの指示情報や質問）を入力することで、インターネット上の情報などから学習した内容をもとにテキストや画像、動画、音楽、開発のコードなどを生成させることができます。主な用途としては業務の効率化、コンテンツやアイディアの生成、情報の収集や取りまとめなどが想定されています。

図7-01 ワンクリックで AIが適切な文章を自動で作成

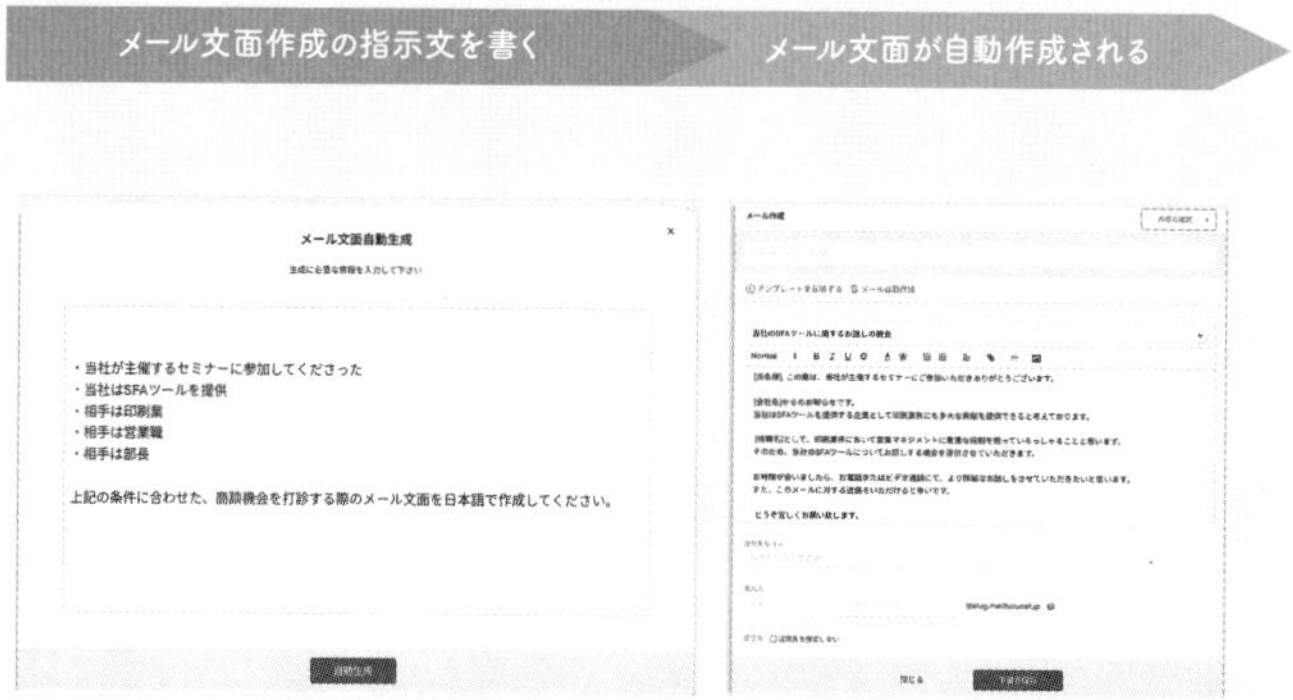
メール文面作成の指示文を書く
メール文面が自動作成される
メール文面自動生成
・当社が主催するセミナーに参加してくださった
・当社はSFAツールを提供
・相手は印刷業
・相手は営業職
・相手は部長
上記の条件に合わせた、商談機会を打診する際のメール文面を日本語で作成してください。

インサイドセールスの領域で考えると、例えば架電前の企業情報のリサーチに活用したり、電話内容を文字起こしして取りまとめたり、顧客に送信するメールの作成を行ったり、お役立ちコンテンツのパワーポイントを作成したり、データを解析したりできるようになります。GenerativeAIを活用することでこれらの業務を効率化して時間を生み出し、さらなる行動量の増加や質の改善に向き合うことができるでしょう。

「BALES CLOUD」でも2023年3月に、OpenAI社のAPIを活用したAIによるメールの自動作成機能をリリースしました。例えばプロンプトにメールの送信目的や送信先の見込み顧客の情報、また自社サービスの特徴などを記載して、メール文面の作成をしてくださいと入力すると、ＡＩがまるで考えるような素振りを見せながらメール文面が作られます。そのメールをそのまま送るのは精度的にまだ難しいので、そこからもう一度ＡＩに修正を指示したり、最後は自分の手で微調整をするなどして送るという流れです。こうした機能を活用することでメール文面を0から作る際に悩む必要が無くなりますし、自分では思いつかない言葉や言い回しもありメール内容のクオリティを上げることもできます。

ＡＩ時代においてインサイドセールス人材に求められること

ＡＩを活用すればアイディアの企画やコンテンツの作成、繰り返しの業務などはＡＩが代わりに遂行してくれるようになります。また、ある程度のアプローチはＡＩだけで完結するようにもなるでしょう。このようなＡＩ時代においてインサイドセールス人材に求められることは何でしょうか。私はＡＩをいかに使いこなせるようになるかということと、人にしか出すことのできない価値を発揮することだと考えています。

ＡＩを使いこなせる人材になるためには、ＡＩについて日頃から情報収集し、自分たちの業務においてどう活用できるかを考え、実際に使ってみることが大切です。スマートキャンプでもＣｈａｔＧＰＴについて学ぶ機会やチームでディスカッションする機会を設けたり、実際にサービスに組み込んだり、業務で活用してみるといった取り組みをしています。特にディスカッションをしてみるだけでＡＩへの意識が大きく高まりますので、皆さんのインサイドセールスチームでもぜひディスカッションしてみてください。

また、人にしか出すことのできない価値とは一体何でしょうか。それは経験に裏打ちされた専門性や見込み顧客との１ｔｏ１のアプローチによる信頼関係の構築などが考えられます。ＡＩは学習するために情報をインプットすることが必要になりますので、学習機会の少ないクローズドな情報に関しては精度が上がりません。特に１ｔｏ１のアプローチは人間の得意分野です。そのための情報収集やメールの作成はＡＩを活用して効率化し、プロフェッショナルとして顧客と深い信頼関係を構築していくことがインサイドセールス人材のミッションになっていくでしょう。

そして、こうしたＡＩ時代において活躍し続けるために求められることは、変化を先読みする人材、変化に適応する人材になることです。本章でセールステックやＡＩの動向について説明してきましたが、こうしたテクノロジートレンドは本当に変化が激しく、少し先の未来も予測がつきません。そのような中でもこれからテクノロジーがどうなっていくのかを考え、変化をチャンスとして捉え積極的に取り込んでいく人材が活躍するのです。

おわりに

本書を最後まで読んでくださりありがとうございました。インサイドセールスの立ち上げや組織改善に関するポイント、そして何よりインサイドセールスの魅力が皆さんに伝わっていましたら嬉しいです。はじめにでも述べましたが、私自身は2017年6月にインサイドセールス支援サービス「BALES」を立ち上げてからこの領域で仕事をしてきました。もともと人生の中でインサイドセールスの世界に関わることになると想像もしていなかったところから、「BALES」の提供や自社での取り組みを通じてインサイドセールスについて多くを学び、このように書籍としてその学びを形にすることができるようにまでなり、運命のようなものを感じます。

本書の執筆、出版にあたり、お力添えいただいた皆さま、ありがとうございました。書籍の出版について右も左もわからない中で、出版社のクロスメディア・パブリッシングさんに企画から出版までプロフェッショナルとしてサポートいただいたおかげで、無事出版まで走り切ることができました。

また、たくさんの情報を提供してくれた「ＢＡＬＥＳ」のメンバーには本当に助けていただきました。本書の内容は日々皆さんがインサイドセールスにプロフェッショナルとして向き合っていただいている中で得られた学びの結晶です。

特に編集チームの倉光悠斗さん、小林沙英さんは普段別の業務もある中で、編集や確認の時間をたくさん割いていただきました。二人がいなければ出版は難しかったと思います。本当に感謝しています。倉光さんは２０１９年４月に新卒として入社いただき、インサイドセールスを経て今はマーケティング部の部長として、また、小林さんは２０１９年８月にアウトソーシングのインサイドセールスマネージャーとして入社いただき、今はインサイドセールス部の部長として活躍してくれています。二人のようにインサイドセールスの世界で活躍してくれる人が増えることを願って、コメントを載せたいと思います。

倉光悠斗さん

私の社会人としてのキャリアはインサイドセールスからのスタートでした。インサイドセールスの経験は2年弱ではあるものの、お客様とたくさん接する中で営業戦略やプロダクト改善に活かせる「顧客の声」を財産として組織に残すことができたと感じています。また、インサイドセールスの経験を通じて社会人の基礎はもちろん、数値分析力や仮説構築力、コミュニケーション力などのスキルを身につけることができ、今のマーケティングの仕事にも活かせています。インサイドセールスにはAIを始めとしたテクノロジーの活用が必須になりますので、テクノロジー活用の観点から会社の成長や個人のキャリアにもつながると感じます。私自身もインサイドセールスの世界に身を置く者として、これからも業界全体を盛り上げていきたいと思います。

小林沙英さん

私はもともと金融機関で営業の仕事をしていたのですが、スマートキャンプに入社し、インサイドセールスのキャリアを選んだことで働き方や将来のビジョンが大きく変化しました。短期的にも中長期的にも選択肢が広がったと感じています。本書でも度々書かれてきたように、インサイドセールスは常にアップデートを行いながら最適解を目指して動き続ける必要があります。期間にすると4年程度ですがその中で得られた経験は数え切れず、従来の働き方を続けていたら学びの量はその半分もなかっただろうと思います。人生に変化をもたらしたいと漠然と考えている方にこそ、インサイドセールスという未来あるキャリアをおすすめします。

そしてインサイドセールスの世界でご縁を頂いた皆さまにも深く感謝しております。アドバイスを下さったインサイドセールスの先人たち、この本を執筆している間にもインサイドセールスとして努力を続けている人たち、私たちのサービスを利用してくださっているお客様など、これまで多くの方々に出会い、学びを頂いたことで、今の私があります。この変化の激しい世界で、皆さんと一緒にインサイドセールスの形を築いてきた実感があります。

改めて、インサイドセールスは奥が深く、とても面白い世界だと思います。本書をきっかけに、これからのインサイドセールスを共に形作っていく仲間が一人でも増えたら嬉しいです。

令和5年9月　阿部慎平

［著者略歴］

阿部慎平（あべ・しんぺい）

スマートキャンプ株式会社　取締役執行役員COO。
早稲田大学卒業後、デロイトトーマツコンサルティング合同会社に入社。大手企業の戦略、新規事業案件に多数従事。2017年3月にスマートキャンプへ入社後は、取締役執行役員COOとして、事業戦略、組織戦略、新規事業戦略の策定、『SaaS業界レポート』の執筆、インサイドセールス代行サービス「BALES」の立ち上げを担う。また、新規事業としてオンライン展示会「BOXIL EXPO」やセールスエンゲージメントツール「BALES CLOUD」を生み出し、事業の成長を牽引。『SaaS業界レポート』は累計1万件以上のダウンロード。セールスフォースユーザー会インサイドセールス分科会2019年度会長。

BALES編集部

インサイドセールスのアウトソーシングやツールを提供するサービス、「BALES(ベイルズ)」。人とテクノロジーによってインサイドセールスの立ち上げや拡大、生産性向上を支援している。

最高《さいこう》の成果《せいか》を出《だ》し続《つづ》ける
インサイドセールス組織《そしき》の作《つく》り方《かた》

2023年10月1日　初版発行

著　者　阿部慎平／BALES編集部

発行者　小早川幸一郎

発　行　株式会社クロスメディア・パブリッシング
〒151-0051 東京都渋谷区千駄ヶ谷4-20-3 東栄神宮外苑ビル
https://www.cm-publishing.co.jp
◎本の内容に関するお問い合わせ先：TEL（03）5413-3140／FAX（03）5413-3141

発　売　株式会社インプレス
〒101-0051 東京都千代田区神田神保町一丁目105番地
◎乱丁本・落丁本などのお問い合わせ先：FAX（03）6837-5023
service@impress.co.jp
※古書店で購入されたものについてはお取り替えできません

印刷・製本　株式会社シナノ

ISBN978-4-295-40775-1　C0034